한국의 민간 비영리사회복지 부문에 대한 이해

한국의 민간 비영리사회복지 부문에 대한 이해

문 순 영 著

 한국학술정보[주]

머 리 말

1973년 석유파동 이후 경제성장에 대한 무한성에 도전을 받게 되면서 전후 복지국가에 대한 보편적인 합의에 관하여 패도 수정이 불가피하게 되었고, 이는 사회복지에 직접적인 충격을 가하였다. 사회복지에 대한 정부의 지나친 지출, 이로 인한 경제적 비효율성의 문제, 관료주의와 같은 정책에 부수되는 외부효과의 발생으로 복지국가 비판론이 제기 되었고, '위기의 사회복지'가 1984년 캐나다에서 개최된 국제사회복지회의의 테마가 되었고, 위기에 처한 복지국가를 지적하는 사례들과 책들이 출간되었다.

그러나 다른 한편으로, 기아문제, 풍요속의 빈곤문제, 장애인에 대한 차별과 편견문제, 약물중독문제, 청소년비행문제 등 많은 사회문제들은 사라지지 않고 심각한 사회문제로 국제사회에서 반복적으로 논의되고 있으며, 실업문제는 각국에서 더욱 심각해지고 있어서 사회복지의 필요성이 가중되고 있다.

이와 같은 사회복지의 위기상황에서 주목되는 것이 사회복지 정책에서 두드러지고 있는 2가지 변화 방향이다. 하나는 스웨덴이나 덴마크 등과 같은 북유럽국가들이 선택하고 있는 정책방향이다. 이들 국가들은 이전 방향에서 약간의 패도수정으로 복지국가의 기본 틀을 변경하지 않는 정책방향으로 나아가고 있다. 반면에 미국이나 영국 등의 국가들은 국가정책으로서 복지국가노선을 버리고 사회복지예산을 대폭 삭감하며, 민영화(privatization)나 작은 정부를 지향하며, 사회복지에는 공적투자를 억제하는 방향으로 나아가고 있다. 바로 이 미국과 서부 유럽을 중심으로 정부와 비영리단체간의 협력방식으로 공공서비스를 생산하는 대안을 추진하게 되면서 사회복지서비스의 공급주체로 민간비영리부문이 빠르게 조용히 성장하고 있다.

민간비영리부문은 독립부문, 혹은 제3부문, 자원부문이라고 불리기도 하는 영역으로 정부부문(제1섹터)도 아니고 그렇다고 시장부문(제2섹터)만도 아닌, 영리를 목적으로 하지는 않지만 공익을 추구하는 부문을 일컫는 말이다.

비영리부문에 관한 실질적인 연구의 시작은 1970년대 미국의 예일대학에 **NPO program**이 마련되고 독립섹터(Independent Sector)가 창설되면서부터라고 할 수 있다. 비영리부문은 시장과 국가영역 밖에 존재하는 다양한 문화, 교육, 보건, 종교, 시민사회단체 등을 포함하는 것으로 공적인 영역의 특성과 시장영역의 특성을 동시에 갖고 있다. 따라서 민간비영리조직은 서비스 제공에 있어 고객 지향적이면서도 정부 조직에 비해 신축적이고, 인간적이며 비정치적이다. 바로 이러한 특성 때문에 공공서비스의 전달자로서의 기능을 수행하기에 적절하게 고려되어 사회복지서비스를 생산하고 전달하는데 정부의 협조적 동반자로 급부상하고 있다.

한국도 이러한 상황에 예외는 아니다. 한국은 해방이후 50여년간 고도성장을 통하여 많은 변화를 겪었지만 1997년의 IMF 구제금융기 이후의 경제위기는 사회변화와 동시에 개인의 삶에 있어서도 큰 변화를 가져와서 그 어떤 시기보다도 다양한 사회적 대처를 요구하였다. 구조조정과 실직으로 인한 생활수준의 하락으로 인한 상실감, 연봉제 등의 경쟁 체제도입으로 인한 정신적 스트레스 증가, 소수 20%의 상류층과 80%의 하류층이 공존하는 빈부의 격차 심화, 실직가정의 증가, 이혼 등으로 인한 가족의 해체 증가, 동거가족이나 독신가족과 같은 다양한 가족형태의 출현, 노인인구 및 노인단독가구 증가 등과 같은 변화들이 가속화하고 있다. 이와 같은 급격한 우리 사회의 변화는 종전과 같은 단순한 시설보호나 정부주도의 일방적 서비스 제공보다는 변화에 대하여 신축적이고 신속하게 대응하여 가족의 기능을 강화시키고 보충하는 기능을 수행할 수 있는 민간사회복지의 개입을 요구한다. 이에 1990년대 후반의 사회복지사업법 개정, 아동복지법을 포함한 사회복지서비스 관련 법 개정, 자원봉사법 및 사회복지공동모금회법 제정 등으로 사회복지서비스 공급에 있어서 자원봉사와 민간모금을 활성화하고 기업, 개인, 종교단체 등의 대인 사회복지서비스에의 참여를 제도적으로 장려하고 유도하는 등 민간비영리조직체들의 복지참여를 상당부분 전제로 하는 사회복지공급주체의 다원화 전략이 추구되고 있다.

따라서 본 책은 최근 한국의 사회복지공급주체의 다원화 전략으로 야기되고 있는 공공부문과 민간부문간의 역할관계의 변화 및 역학구조의 역동성을 이해하는데 초점을 맞추고 있다. 이는 21세기 한국 사회복지공급모형의 핵심적 담론으로 제기되고 공공부문과 민간부문의 역할 분담론 정립을 위하여는 한국의 민간사회복지부분에 대한 이해가 필수적이기 때문이다. 또한 생산성 향상, 급속한 인구 고령화, 여성의 사회참여 등으로 빠르게 야기되고 있는 한국 사회의 서비스 욕구를 정부 실패와 시장실패를 너머 정부와 시장 혹은 시민사회 간의 경쟁과 협력의 관계로 해결하기 위해서는 서비스 공급에 참여하고 있는 다양한 민간사회복지조직체들의 특성에 대한 분석이 선행되어야 한다. 그래서 필자는 현재 사회복지서비스 공급에 참여하고 있는 사회복지법인, 시민사회단체, 미인가시설등을 대표하는 6개의 기관 사례를 가지고 각 주체들의 특성을 살펴보기 위한 분석을 시도하였다.

물론 민간사회복지부문의 역할 확대에 관한 당위론이나 사회복지공급에 있어 공공부문과 민간부문 간의 이상적 역할 분담에 관한 논의라던가, 어떤 역할 분담 모형으로 가야 할 것인가에 대한 논의와 합의는 이미 어느 정도 진행이 되고 있으나, 이 역할 분담론의 다른 한 축인 민간사회복지부문의 다원성을 경험적으로 이해하고 분석하려는 노력은 부족하다.

이 책은 이런 부분을 보완하고자 하는 노력의 산물이다. 읽어가며서 느끼겠지만 저자의 학문적 역량이 아직은 많이 부족하여 여러가지 면에서 부족한 점들이 나타난다. 따라서 분석이나 논의의 부족, 혹은 용어 선택의 미숙함 등은 필자의 한계로 겸허하게 받아 들이고자 한다. 노력은 했지만 미흡한 점들 때문에 제대로 전달될 수 있을지 두려움도 앞선다. 현재의 부족한 점들은 필자가 지속적으로 이 주제를 연구하면서 독자, 선배, 동료들로부터의 질책과 비판을 바탕으로 다시 보완하고자 한다.

끝으로 이 책의 출판을 맡아주신 한국학술정보㈜의 사장님과 직원들에게 깊이 감사드린다.

2005. 4월
저자 씀

목 차

표 차례

그림 제목

제1장 서 론

1.1. 연구의 배경과 목적

전통적으로 한국에서 사회복지서비스공급은 사회복지법인에 의해 이루어졌다. 이들은 국가로부터 사회복지시설운영에 대한 인가를 받아 주로 공공부조 대상자인 빈곤영세민을 수용·보호하는 서비스를 제공하여 왔다[1]. 국가가 제공하여야 할 기본적인 사회복지서비스를 국가의 자체적인 인력과 시설로 제공하기보다는, 민간비영리조직들로 하여금 사회복지법인을 설립하여 사회복지시설을 운영하도록 하고, 이들에 대한 지도·감독을 시행하는 관계를 통하여 사회복지서비스를 제공하여 왔다. 이러한 시스템으로 인하여 사회복지법인이 대다수인 한국의 민간사회복지부문은 정부부문을 선도하거나 적극적으로 보완하는 민간조직 고유의 역할을 하기보다는 정부의 허가를 받고, 재정지원과 지도감독을 받아야 하는 의존적이고, 수동적인 대(對)정부 관계를 유지하여왔다.

그러나 1990년대 후반에 들면서 이와 같은 전통적인 사회복지서비스 전달 체계에 변화를 가져오는 입법들이 마련되었다. 1997년 사회복지사업법의 개정으로 사회복지법인뿐만이 아니라 개인이나 영리법인도 사회복지시설을 설치·운영하는 것이 가능해졌고, 이로 인해 사회복지서비스를 공급하는 사회복지시설을 운영하는 주체가 다양해 질 수 있는 제도적 토대가 마련되었다. 또한 그동안 제도적 틀에서 제외되었던 미인가 시설들이 사회복지공급주체

---

[1] 실질적으로 사회복지사업법과 사회복지서비스 관련법에 수급자의 범위는 보편주의를 선언하고 있다.

로 진입할 수 있게 사회복지서비스 관련법들이 재정비 되었다. 일
례로 1999년 12월 개정된 아동복지법에는 새로운 아동복지시설로
'공동생활가정제도(group home)'를 도입하고 있어서 미인가시설을
중심으로 한 '소공동체' 모형의 서비스 제공을 제도적으로 활성화
시키고 있다.

　IMF경제위기를 전후로 적극적으로 활성화되기 시작한 민간 모
금 활동들 역시 사회복지서비스 공급체계 변화를 가속화시키고
있는 요소이다. 모금액 1,000억 원을 기록한 '실업극복국민운동'
의 결성이나 1999년에 본격적인 활동에 들어간 '사회복지공동모
금제도', 벤처 사업가들의 기부금 100억으로 시작한 '사회복지법
인 아이들과 미래' 등과 같은 민간 재정지원매개체들이 시민단체
나 사회운동단체, 종교단체, 미신고시설[2] 등의 사회복지사업을 지
원하기 시작함으로써 공급주체를 다양화하고 있다. 일례로 1990
년대 초반까지 290여 개이었던 미신고시설이 2003년에 전국에
1,150여 개로 증가하였다. 정부가 경영위탁, 사업위탁, 조치위탁의
방식으로 사회복지법인에 사회복지사업에 대하여 재정을 지원하
여 왔던 것과는 달리, 이들 민간기금들은 사회복지사업에 대한 재
정지원을 프로그램의 운영주체에 한계를 두지 않고 '사업 계획서'
에 따른 프로그램을 기준으로 지원함으로써 다양한 민간 주체들
이 사회복지서비스 제공에 참여할 수 있다.

　이론적으로 사회복지서비스 공급에 있어서 민간비영리부분의
효용성은 특수주의(particularism)에 근간하고 있다. 정부가 보편주
의적인 프로그램을 제공하는 것에 있어서 상대적으로 용이한 것

---

2 1997년 사회복지사업법의 개정으로 사회복지시설운영에 관한 규제가
　약화되면서 그 이전까지 미인가시설로 명칭 되던 것이 미신고시설로
　전환됨.

과는 달리 민간비영리부문은 특정 인구집단이나 소수집단의 욕구에 대응하는 서비스 프로그램을 발전시키는 것이 쉽다는 것이다.

본 書의 목적은 최근 한국 사회복지 민간사회복지부문의 두드러진 변화로 보이는 사회복지서비스 공급주체의 다양화와 더불어 발생하는 다음과 같은 질문들에 답하는데 있다.

사회복지서비스 공급 주체의 다양화가 빈곤계층만이 아닌 새로운 욕구 대상층에게 새로운 형태의 사회복지서비스의 제공을 의미하는가? 좀 더 구체적으로 사회복지서비스의 공급주체로 새롭게 진입한 시민사회단체나 미신고시설은 기존의 사회복지법인이 빈곤계층을 중심으로 수용·보호의 서비스를 제공하던 것과는 다르게 문제를 가진 특정집단의 욕구에 대응하여 다양화된 서비스를 제공하고 있는가? 또한 시민사회단체나 미신고시설들은 정부와의 관계에 있어서 기존의 사회복지법인-정부와의 관계와는 다른 특성을 보여주고 있는가? 다시 말하면 정부에 대하여 수동적이고, 비주체적이던 사회복지법인과는 달리 시민사회단체들이나 미신고시설들은 정부에 대하여 능동적이고, 주체적인가? 시민사회단체나 미신고시설들은 정부 재정에 전적으로 의존하던 사회복지법인과는 달리 민간재원의 활용성을 높이고 재원의 다양화를 추구하고 있는가?

이와 같은 질문들은 민간사회복지부문을 활성화를 위하여 반드시 현 시점에서 그 의미를 정리해 볼 필요가 있다. 이러한 문제인식하에 현재 민간사회복지부문의 세가지 공급주체들-사회복지법인, 시민사회단체, 미신고시설-간의 상이성과 유사성을 주로 정부와의 관계를 중심으로 분석함으로써 한국 민간사회복지부문의 특성이 무엇인지를 밝혀보고자 한다.

1.2. 연구의 필요성과 의의

1970년대 후반부터 기존의 복지국가에 대한 비판이 증가하면서 미국과 서부 유럽을 중심으로 한 복지국가들은 자유와 효율의 가치에 기반을 둔 신자유주의에 따른 경제질서의 재편으로 경제적 어려움을 탈피하려는 시도를 단행하고 있다. 행·재정 개혁의 일환으로 복지부문에 대한 국고보조금을 삭감하고, 국가 행정의 비효율성을 극복하기 위하여 민영화(privatization) 등을 제시함으로써 국가의 부담을 줄이려는 노력들을 하고 있다. 그리고 바로 이런 시도들 가운데 복지국가에서 소홀히 되었던 민간부문의 역할이 다시 주목을 받게 되었다.

그러나 신자유주의 경향 속에서도 준공공재로 분류되는 사회복지서비스의 경우는 민간부문이 공공부문을 대체하는 '민영화'의 전략보다는 공공부문의 파트너로서 민간부문의 역할이 부각되었다. 즉 사회와 경제를 동시에 발전시키지 못한 정부의 능력 상실의 문제를 민간비영리부문과의 협조로 해결하는 방안으로 가고 있다. 국가와 마찬가지로 집합적 재화를 제공하는 민간비영리부문에게 정부가 재원을 지원함으로써 서비스 제공에 있어서 공공부문이 가진 지나친 경직성, 비경쟁성, 비인간성을 극복할 뿐만 아니라 민간비영리부문의 한계인 재정적 부족을 보완하는 것이다. 결국 민간부문과 정부부문이 다 같이 승승(win-win)할 수 있는 관계가 사회복지서비스 공급에서 새로운 대안으로 등장하게 된 것이다.

우리사회도 지난 30여 년 동안의 급속한 산업화로 인하여 사회복지제도의 필요성이 증대하였지만 '선 성장 후 분배'라는 권위주의적 개발국가의 이념아래 실질적인 사회복지의 확대는 별로 이

루어지지 못하였다. 그러나 1980년대 후반부터 진행된 민주주의
의 확대로 인권, 환경, 여성, 복지, 소비자문제, 지역 발전 등의 문
제들에 대하여 국민들의 관심이 매우 높아졌고, 이런 환경하에 국
가가 아닌 개인이나 여러 가지 사회집단의 중요성이 자연스럽게
부각되었다. 그리고 1997년 말부터 시작된 경제위기는 민간부문
의 역할 참여를 가속화하여 민간부문이 급속하게 성장하게 되었
다. IMF 구제금융의 도입으로 모라토리움을 모면하게 되는 대규
모 경제위기를 겪으면서 실업인구의 증가, 가족 해체 등 여러 가
지 사회문제가 기하급수적으로 증가하였고, 이에 대해 1998년 2
월에 출범한 '김대중 정부'는 경제문제를 최우선 순위로 두고, 민
간이 사회복지부문에 적극적으로 개입하도록 참여를 유도하는 정
책을 시행하였다. 이러한 정책 방향, 즉 사회복지에 대한 국민의
욕구를 해결하는 궁극적인 책임은 정부에 두고 있으면서도 정부
가 그 책임을 다하지 못하기 때문에 종교, 사회단체를 포함한 민
간사회복지단체를 더욱 활용하겠다는 정책의 현실화가 공공부문
과 민간부문의 역할 분담논쟁에 박차를 가하였다.

그러므로 현 시점에서 한국의 민간사회복지부문이 다원주의이
상을 실현할 수 있는 독립적인 정부의 동반자가 될 수 있는지를
분석하여 볼 필요가 있다. 민간부문이 사회복지 공급에 있어 정부
와의 동등한 파트너십을 형성하는 것이나 다원주의 실현을 결정
하는 요소는 바로 민간부문의 자율성이나 실험성과 같은 민간비
영리조직으로서의 특성에 기반한다. 따라서 향후 급증하는 국내
의 사회복지서비스 욕구를 해결하기에 국가 책임만으로는 한계가 있
으므로 민간사회복지부문 내 다양한 공급 주체들의 특성과 문제점을
진단하고 이를 개선하기 위한 대안을 모색하는 것이 앞으로의 한국의
사회복지발전을 위해서는 중요한 과제가 아닐 수 없다.

1990년대 이후로 한국사회에서 정부부문과 민간부문의 역할 분담이 지속적으로 논의되고 있지만 이 주제에 관한 연구는 여전히 이론적인 차원뿐 아니라 실증적인 차원에서도 미흡하다. 특히 민간부문을 민간비영리부문의 기능과 역할에 초점을 맞추어 역할 분담 논의를 하고 있는 연구는 더욱 적다. 역할 분담유형 개발과 적용을 시도한 백종만(1995)과 박정선(1998)의 논문이 있기는 하지만 이들은 서비스 재원과 서비스 전달주체라는 두 가지 축을 중심으로 정부와 민간사회복지부문의 역할 분담모형을 시도하는 데 주력하고 있어서 민간사회복지부문의 비영리적 특성에 별로 관심을 두고 있지 않다. 그리고 비영리부문의 관점에서 민간비영리 사회복지부문에 대한 구조적 특성을 연구한 이혜경(1998:41-75)의 논문이 있다. 이 연구는 정부와 민간사회복지부문의 역할 분담모형과 이 모형관계에서 민간비영리부문의 구조적 특성을 시대적 변화와 입법 추이를 중심으로 분석하고 있지만 연구의 범위가 사회복지법인에 국한되어, 시민사회단체나 미신고시설의 서비스 공급체계 진입 이후 한국 의 민간비영리부문 전체의 특성을 파악하는 것에는 한계가 있다. 그리고 최근에 사회복지서비스의 전통적 공급 주체였던 사회복지법인과 새로운 공급주체로 부상하고 있는 시민사회단체를 비교하여 민간사회복지부문의 서비스 공급에 관한 문제점을 지적한 이창호(1999:55-70)의 논문이 있다. 그러나 이 연구는 시민사회단체와 기존의 사회복지법인을 대립적 관계에서 파악하여 민간비영리 사회복지부문 전체의 다양성이 가지는 함의를 파악하는데 한계를 가지고 있으며, 각 서비스 공급 주체들과 정부와의 관계 분석이 배제 되어 있어서 민간비영리 사회복지부문의 구조적 특성을 파악하는 데도 한계가 있다.

이상에서 살펴본 기존 연구들이 가진 분석의 한계와 실증적

연구의 부족이 본 연구의 출발점이다.

본 연구는 민간비영리 사회복지부문을 사회복지법인만이 아니라 시민사회단체와 미신고시설을 포함하여 포괄적인 분석을 시도하였다. 즉, 기존의 사회복지법인-정부의 관계에서 나타나는 구조적 특성뿐 아니라 시민사회단체와 미신고시설이 정부와의 관계에서 나타나는 구조적 특성들을 제각기 분석함으로써 보다 포괄적인 측면에서 민간비영리 사회복지부분에 대한 이해를 하는데 유의미한 자료를 제공할 것이다. 또한 정부부문과 민간부문 간의 사회복지서비스 공급을 위한 협조모형을 구체적으로 유형화하고 동시에 협조모형 간의 상이성을 강화하는데 기여하게 될 것이다.

1.3. 연구의 방법과 내용

1.3.1. 연구의 범위와 방법

사회복지는 사회 성원들 간의 상호성을 전제로, 상호부조 기능을 수행하는 제도이다. 이러한 상호부조의 기능은 한 사회 내에서 다양하게 발생하고 있다. 병들거나 장애를 가진 사람을 가족이 돌보아 주는 것, 친구와 이웃, 동료 집단들이 수시로 찾아가 이들에게 정신적인 위로나 도움을 제공하는 것, 친구에게 돈을 빌려주거나 사회복지시설이나 복지관이 버려진 아이들이나 외로운 노인, 빈곤한 가족들을 보호하는 것, 그리고 노사가 비용을 부담하는 사회보험제도나 누진세수로 운영하는 공공부조제도에 이르기까지 아주 다양하다(Gilbert and Specht, 1997:6-9).

다양한 상호부조 형태만큼이나 이 기능을 수행하는 주체도 다양하다. 일반적으로 상호부조의 기능을 수행하는 주체는 크게 공공부문과 민간부문으로 분류한다. 그리고 민간부문은 다시 비공식적 부문과 공식적 부문으로 구분된다. 비공식적 민간부문은 가족이나 친구와 같은 개인적 관계에 기초한 부문을 의미하고, 공식적 민간부문은 영리조직과 영리를 목적으로 하지 않는 주민조직, 사회복지법인, 재단법인 및 사단법인, 종교단체 등의 비영리조직으로 구분된다(Johnson, 1987).

그런데 일반적으로 제도화라는 용어는 사회적으로 조직화된 행동체계를 말한다. 따라서 '상호부조의 제도화' 혹은 '사회복지도 제도'라는 용어는 상호부조를 위하여 혹은 사회복지를 위하여 사회적으로 조직화된 행동체계를 말하게 된다. 그래서 제도화된 복지체계를 논의 할 때 비공식적 민간부문은 제외된다. 또한 우리나라의 경우 보육사업과 양로원 사업의 일부를 제외하고는 영리부문이 사회복지서비스를 제공하는데 별로 참여하고 있지 않다. 이러한 이유들로 인하여 본 연구에서 다루는 민간사회복지부문의 영역은 시장과 국가영역 사이에 존재하는, 영리를 목적으로 하지 않고 공익을 추구하는 단체를 일컫는 민간비영리부문으로 한정한다.

우리나라의 민간비영리 사회복지부문의 공급주체는 발달사적으로 볼 때 전통적으로 국가와 지방자치단체에 맡겨진 사회복지서비스에 대한 책임과 의무를 대행하면서 국가의 보호아래 꾸준하게 성장해 온 사회복지법인과 최근에 새로운 서비스 공급자로 등장하고 있는 사회복지법인이 아닌 민간조직으로 구분된다. 사회복지법인은 정부의 허가를 받아 사회복지시설을 운영하는 전통적인 민간비영리 사회복지부문이다. 새롭게 사회복지서비스 공급자로 대두하고 있는 민간조직은 단체의 성격에 따라 시민사회단체와 미신고시설로 구분할 수 있다. 시민사회단체는 기존의 사회복지법인이나 미신고시설과는 다르게 1980년대부터 급성장하기 시작하여, 일차적 목적이 서비스 제공이 아니라 정치·행정·경제·사회 개혁이나 권리운동에 일차적 목적을 두고 있다. 즉, 이들은 과거에 권력과 대립적 위치에 있다가, 최근에 들어 사회 개혁이나 사회운동과 더불어 사회복지서비스 제공에도 직접 참여하고 있다. 미신고시설은 오래 전부터 법적인 근거 없이 사회복지서비스를 제공하여왔던 법인자격이 없는 민간 조직이다. 단지 이들에 대한 법적인 근거 마련이 최근에야 이루어지고 있기 때문에 이들은 사회복지법인이나 시민사회단체와는 차별성이 있다. 따라서 본 연구의 민간비영리 사회복지부문의 범위는 사회복지서비스를 공급하는 사회복지법인, 시민사회단체, 미신고시설로 한정한다.

본 논문의 연구 방법은 크게 문헌연구와 사례조사로 이루어진다. 사례조사를 수행한 것은 양적 조사로 민간사회복지부문의 심층적인 묘사가 어려운 데다가 사회복지시설을 운영하는 새로운 주체로 등장하는 시민사회단체가 운영하는 사회복지시설의 수가 본 연구를 시행하는 시기에 양적 조사로 분석의 신뢰성을 얻어 낼 수 있을 정도로 많은 것이 아니기 때문이었다.

사례조사 대상 기관은 민간비영리 사회복지 공급주체들의 차이성을 잘 반영하는 6개 기관을 선정하였다. 사회복지법인이 운영하고 있는 시설 2개소, 법인 자격 없는 미신고시설 2개소, 시민사회단체가 운영하고 있는 시설 2개소이다. 이들 기관 모두 대상인구가 아동(청소년 포함)이고 장·단기의 생활 시설 서비스를 제공하고 있다.

사회복지법인이 운영하는 시설로는 아동복지시설 중에서 아동 육아시설을 대상으로 하였다. 1997년 현재 사회복지 생활시설 총 819개 중에 아동복지시설은 총 274개이고, 이중 영아시설이 26개, 직업보도시설 6개 교호시설 6개, 자립지원시설 11개, 육아시설

24

214개로, 육아시설은 전체 사회복지수용시설의 21.6%, 아동복지 시설의 87.1%를 차지하고 있다. 아동육아시설은 우리나라 민간 수용시설의 시초로서 한국전쟁이라는 특수한 경험아래 급속히 증 가한 사회복지시설이다. 1948년 한국 정부수립 당시 이미 96개의 아동육아시설이 존재하였고, 국가존립이 위기에 처한 한국전쟁 당시 116개로 증가하여 전체 시설 수의 약 76%를 차지할 정도로 확대되었다. 따라서 사회복지법인이 운영하는 아동육아시설은 우 리나라의 전통적 민간비영리 사회복지부문의 특성을 가장 잘 반 영하고 있다고 볼 수 있다.

아동복지시설을 운영하고 있는 사회복지법인의 형태는 가톨릭 이나 기독교, 불교와 같은 종교단체 사회복지법인이 운영하고 있 는 것이 142개인 것으로 조사되고 있다. 즉 전체 아동복지시설의 약 66%를 종교단체 사회복지법인이 운영하고 있는 것이다[3]. 이러 한 사회복지법인의 특성을 사례선정에 반영하여 사회복지법인이 운영하는 아동육아시설은 1950년대를 전후하여 개인이 설립한 사 회복지법인이 운영하는 곳으로 가' 법인이 운영하는 '가'시설을, 종교단체 사회복지법인이 운영하는 곳으로 나' 법인이 운영하는 '나' 아동육아시설을 선정하였다. 양 기관의 총무와의 면접을 통하여 자료를 수집하였다.

새로운 사회복지서비스 공급주체로 등장하고 있는 시민사회 단체와 미신고시설의 경우는 이들이 운영하는 단기보호시설과 그룹홈(공동가정)을 선정하였다. 이 두 시설의 형태 역시 최근에 새롭게 나타나고 있는 형태이다.

단기보호시설 중 청소년을 대상으로 하는 청소년 쉼터에 관한

---

[3] http://mannanet.kncc.or.kr/index.html, 이태수, "한국사회복지의 동향과 종교사회복지의 방향", 28쪽.

전국적 통계 수치는 아직 없지만 2000년 9월에 발족한 한국청소
년쉼터협의회 자료에 의하면 이 협의회에 소속된 쉼터 13개와 미
소속 쉼터 7개를 합하여 전국적으로 총 20개의 쉼터가 있는 것으
로 파악되고 있다[4]. 쉼터의 운영주체는 사회복지관, 종교법인이나
단체, 혹은 시민사회단체가 운영하고 있는 것으로 파악되고 있다.
한편 선도보호시설은 전국에 11개가 있는 것으로 보고 되고 있고,
시민사회단체나 종교단체가 운영하고 있는 것으로 알려져 있다
(국무회의 보고자료, 2000:7). 따라서 이와 같은 변화를 사례 선정
에 반영하여 시민사회단체가 운영하는 시설로는 청소년 쉼터 1
곳과 선도보호시설인 단기쉼터 1곳을 선정하였다. '다' 시민사회
단체가 운영하는 '다 청소년 쉼터'의 실장과 '라' 시민사회단체가
운영하고 있는 '라 성폭력피해자를 위한 쉼터' 과장과의 면접을
통하여 자료를 수집하였다.

　마지막으로 미신고시설은 법적인 근거 없이 오래 전부터 사회
복지서비스를 공급하여 오다가 1997년의 사회복지사업법개정 및
관련 사회복지서비스법의 개정으로 새로운 시설의 형태로 주목을
받게 되었다. 따라서 미신고 그룹홈은 비공식적으로 이루어지는
그룹홈과 정부의 지원을 받아서 이루어지는 그룹홈으로 나누어진
다. 원래 미신고시설의 경우 전부가 그룹홈은 아니지만, 당시 수
용인원 30인 이상이어야 한다는 규정에 묶여서 법적인 보호를 받
지 못한 소규모 시설들이 많았고, 소규모 시설은 대부분 '그룹홈'
을 이상적인 형태로 지향했기 때문에 미인가 시설과 그룹홈의 규
모는 상관성이 높다. 그후 2000년 현재 전국의 공식적 수치에 대
한 통계는 없지만, 아동·청소년을 위한 미인가 그룹홈은 적게는

4　http://www.jikimi.or.kr/intro-top.htm, 한국청소년쉼터협의회의 조직 및
　임원현황을 참조하였다.

80개 많게는 90여 개 이상이 있는 것으로 추정되고 있다(이태수, 2000:15). 그리고 그룹홈은 장기입소시설형태에서 일시 보호적 성격까지 다양하며 운영주체도 개인에서부터 비영리법인, 미신고단체, 종교단체 등 다양한 것으로 보고되고 있다(이태수, 2000:15). 특히 1996년의 서울가톨릭사회복지회의 자료에 의하면, 천주교관련 아동·청소년 대상 그룹홈이 62개소 인 것으로 나타났다(이상순, 1997:28). 이와 같은 그룹홈 내의 다양한 특성을 사례에 반영하여 이 연구의 사례로 선정한 그룹홈은 종교단체가 미신고시설로 운영하고 있는 장기입소 시설형태인 그룹홈 '마', 개인이 운영하고 있는 단기 보호적 성격의 그룹홈 '바'를 대상으로 각 기관 간사들과의 면접을 통하여 자료를 수집하였다.

본 연구의 사례조사 대상기관의 자료들은 각 기관들로부터 내용의 객관성과 타당성에 대한 검증을 거친 것이다.

또한 사례분석이 가진 일반화와 보편성의 제한 점을 보충하기 위하여 기존의 문헌자료와 관련 통계자료를 부가적으로 활용하였다.

1.3.2. 연구의 내용

본 논문의 구성과 내용은 다음과 같다.

제1장은 이 연구를 시작하게 된 배경과 연구의 목적, 연구방법을 다룬 부분이다. 사회복지서비스 제공에 있어 등장하고 있는 변화는 무엇인지, 이 변화가 정부무문과 민간부문의 역할관계에서 어떤 함의를 가지고 있는지, 그리고 한국 민간비영리 사회복지부문에 어떤 변화를 가져오고 있는 지를 분석하기 위한 연구 방법론을 설명하고 본 연구의 내용을 요약하였다.

제2장은 한국의 사회복지서비스 공급체계에서 정부와 민간비영리

부문의 관계에서 설정되는 민간비영리 사회복지부문의 특성을 이해하기 위한 이론들을 검토하고, 분석틀을 설정한다. 이론들은 주로 사회복지서비스 공급체계의 대표적 형태인 시장, 정부, 민간비영리 부문 각각의 영역이 가지고 있는 한계점과 이러한 한계를 극복하기 위한 대안으로 제시되는 정부와 비영리부문간의 협조모형에 대한 이론들을 살펴보았다. 그리고 이 이론에 기초하여 한국 민간비영리 사회복지부문의 구조적 특성을 분석할 연구의 분석틀을 완성하였다.

제3장은 한국의 민간비영리 사회복지부문의 공급주체들에 대한 개관을 시도하였다. 사회복지법인 및 미신고시설, 시민사회단체등의 개념과 역할, 발생적 차이를 구분하여 살펴보았다.

제4장은 한국의 사회복지서비스 공급체계에서 민간비영리 사회복지부문의 구조적 특성을 분석하였다. 구체적으로 한국 민간비영리 사회복지서비스 공급 주체들인 사회복지법인, 시민사회단체, 미신고시설 등의 서비스 공급 기능, 재정체계와 정부보조금 지급형태, 사회복지서비스 공급 책임성에 대한 정부 및 이사회의 지배구조(governance)와 정부와 비영리 사회복지부문 간의 상호작용의 수준에 관하여 분석한다. 이들 분석은 각기 기존의 문헌자료와 관련 통계자료를 이용한 거시적 차원의 분석과 사회복지법인이 운영하는 아동육아시설 두 기관, 시민사회단체가 운영하는 쉼터 두 기관, 미인가 그룹홈 두 기관에 대한 사례조사 분석을 병행하였다. 특히 사례분석을 통한 미시적 차원의 분석이 거시적 차원의 분석이 간과하고 있는 논의를 보충하도록 하였다.

제5장은 연구의 결론과 제언이다. 제4장의 문헌분석과 사례분석에 근거한 연구의 결과를 밝히고 이 연구의 성과와 한계를 지적하였다. 그리고 이러한 연구의 결과에 근거하여 민간비영리 사회복지부문 활성화를 위한 방안들을 제언하였다.

제2장 사회복지공급모형에 관한 이론들: 정부와 비영리부문의 관계 유형

본 장에서는 한국에서 사회복지서비스 공급에 개입하고 있는 정부와 민간비영리부문 간의 관계를 분석하는데 도움이 되는 기초적인 이론들을 살펴본다. 특히 관계 유형 이론에 강조점두고, 사회복지서비스 공급 주체로 대표되어온 시장, 정부, 민간비영리부문 각각의 한계점을 설명하는 이론들과 이러한 한계를 보완하기 위하여 새로운 대안으로 부각하고 있는 정부와 비영리부문의 협조 관계에 관한 이론들을 고찰하였다. 이를 바탕으로 한국의 민간비영리 사회복지부문의 구조적 특성을 분석하기 위한 분석틀이 마련될 것이다.

2.1. 사회복지서비스 및 공급주체들의 특성

2.1.1. 사회복지서비스의 특성

사회복지서비스는 비물질적이고 심리·사회적인 대인 사회서비스(personal social service)로 역사적으로나 문화적으로 매우 다양하여 일률적으로 정의하기는 불가능하다. 그러나 대체적으로 ① 치료, 원조, 재활과 같은 당면 문제 해결서비스, ② 사회화와 발달욕구 충족서비스, 그리고 ③ 옹호 및 정보제공 서비스 등과 같은 서비스를 포괄하는 것으로 정의되고 있다. 따라서 사회복지서비스는 소득 및 의료 보장 그리고 공식적 교육을 제외한 정보의 제공,

위로, 옹호, 상담, 지도, 상호원조나 자조 활동 등을 포함하는 일체의 개별적인 대인 사회서비스(Kahn and Kamerman, 1980:28)를 말한다. 전통적으로 이와 같은 서비스들은 가족이 수행하여 왔던 사회화와 정서적 지지기능을 보완·강화하거나 혹은 대체하여 개인이나 가족으로 하여금 지역사회에 통합하게 하는 활동이었다. 따라서 사회복지서비스는 주로 개인들의 기능적 욕구에 대응하는 비화폐적 원조라고 할 수 있다.

이러한 기능의 사회복지서비스는 공공재적 성격을 가지는 것으로 논의되고 있다. 일반적으로 공공재란 사유재와 달리 그 재화를 소비하는데 있어 비경쟁적이고 비배타적인 성격을 갖는다(Rosen, 1988). 순수한 의미의 공공재는 일단 그 재화가 제공되고 나면 다른 사람들이 그 재화를 소비하는데 드는 추가 비용을 낼 필요가 없고, 또한 다른 사람들이 그 재화를 사용하는 것을 막기도 어렵다. 이 순수한 공공재의 개념을 더욱 확장하여 소득재분배를 공공재라고 주장한 사람이 서로우(I.S. Thurow)다. 그는 한 나라의 소득분배가 공평하게 이루어지면 사회구성원 모두는 좋은 사회에 사는 것으로부터 만족을 얻으며, 사회 내의 어떤 사람도 이와 같은 만족으로부터 배제되지 않는다는 면에서 소득재분배를 공공재라고 보았다. 사회복지서비스도 동일한 맥락에서 논의되고 있다. 사회복지서비스도 일단 제공되면 그 나라 국민 모두가 혜택을 받을 수 있는 면이 있고, 사회복지를 통하여 보다 정의롭고, 안정되고, 통합된 사회가 이루어지며, 이로 인한 혜택은 전체 사회성원이 누리게 된다. 이런 속성 때문에 사회복지서비스도 공공재적 성격을 갖는다고 말한다(Thurow, 1971:327-336).

그러나 사회복지에 필요한 재화나 서비스는 순수한 의미의 공공재는 아니다. 사회복지서비스 제공은 많은 경우 시장에서 제공되고 있고, 이때 경쟁적이고 배타적으로 거래가 이루어지기도 하기 때문이다. 하지만 사회복지서비스는 시장기제에서만 제공되기에는 사회전체에 미치는 이익이 매우 크고 광범위하면서도 이익에 비하여 이러한 재화나 서비스의 공급이 시장에서 사회적으로 바람직한 수준까지 생산되지는 않는다. 따라서 머스그레이브 (R.A. Musgrave)는 사회복지서비스를 가치재 혹은 준공공재라고 명하였다(Musgrave, 1959).

2.1.2. 시장 공급의 한계

시장은 일반적으로 자유롭고 합리적인 선택을 바탕으로 수요와 공급의 균형에 의해 자원을 가장 효율적으로 배분하는 기제로 여겨진다. 그러나 시장이 효율적으로 자원을 배분하기 위해서는 몇 가지 전제들이 선행되어야 한다. 완전경쟁이 전제되어야 하고, 시장에서 교환되는 재화가 공공재(public goods)가 아닌 사유재(private goods)이어야 하고, 시장의 거래 당사자들은 그 재화에 대한 충분한 정보를 가지고 있어야 하며, 규모의 경제(economy of scale) 효과가 적어야 한다는 조건이 충족되어야 한다. 이러한 조건이 충족되지 않으면 시장은 제대로 작동하지 않아서 바람직한 자원배분을 이루어 내지 못한다. 바로 이를 가리켜서 시장의 실패(market failure)라고 한다.

사회복지서비스의 제공은 공공재의 성격을 어느 정도 가지고 있어서 배분을 시장에만 맡기는 것에는 한계가 있다. 앞에서도 언급하였듯이 공공재는 사유재와 달리 그 재화를 소비하는데 있어서 비경쟁적(non-rivalry)이고 비배타적(non-excludability)이다. 따라서 일단 재화가 제공되면 그 효용을 독점할 수 없게 되어 소위 무임승차의 문제(free-rider problem)가 발생하게 된다. 즉, 개인들이 그 재화에 대한 욕구를 숨기는 한 비용을 부담하지 않고도 제공된 재화의 효용을 함께 누릴 수 있기 때문에 그러한 재화는 시장을 통해서 적절히 공급될 수 없다.

또한 사회복지 관련 재화나 서비스를 시장의 자유로운 선택에 맡길 수 없는 이유는 이들이 대개 인간의 삶에 중요한 결과를 가져 올 수 있는 것들이어서 만약 잘못 선택되거나 부실하게 공급될 경우 치명적인 피해를 초래할 수 있기 때문이다. 일례로 사회보험을 시장에만 맡겨둔다면 위험발생의 가능성이 높은 사람들이 보험을 집중적으로 구입하게 되는 역선택(adverse selection)의 문제가 발생할 수 있고, 이렇게 되면 보험 공급자는 높은 보험료를 부과하게 되고 따라서 보험에 의한 보호가 절실한 사람에게 보험가입이 제한되는 경우가 발생하게 된다.

결국 사회복지서비스는 시장경제에서만 제공되기에는 사회전체에 미치는 이익이 매우 크고, 또한 이 같은 면에 비추어 볼 때 시장에서 이러한 서비스가 사회적으로 바람직한 수준으로까지 공급되기에는 많은 한계가 있다.

2.1.3. 정부 공급의 한계

사회복지서비스 제공에 있어 시장의 실패가 정부 개입의 근거가 되었다. 사회복지서비스를 공공부문에서 제공할 경우 민간부문과는 달리 대개 독점적으로 제공하게 된다. 정부가 제공하는 공공서비스는 낯선 개인에게 도움을 제공할 수 있고, 어느 누구도 일정하게 정해진 최저생활수준 이하로 떨어지지 않도록 할 수 있으며, 그 혜택을 시혜가 아닌 권리로 보장함으로써 사적인 자선이 가질 수 있는 낙인을 피할 수 있다는 장점이 있다.

그러나 공공부문만이 사회복지서비스를 제공하는 것에도 한계는 있다. 독점적 공급하에서는 경쟁상대가 없기 때문에 서비스가 불필요하게 높은 비용에서 제공되어도 견제하기 어렵고, 소비자 욕구의 변화에 상대적으로 둔감하여 서비스의 개선에 미흡할 뿐 아니라 책임감이 결여되기 쉽다. 또한 민주주의 사회에서 공공서비스는 정치적 영향력을 행사할 수 있는 특정집단의 이익이 과도하게 반영되어 불필요하게 확대될 수 있다(Niskanen, 1973). 이러한 이유들로 인하여 공공부문은 불필요한 서비스의 확대와 낭비를 가져올 수 있다. 또한 정부가 중앙 집권적이고 관료적일 경우에는 관료제적 경직성으로 인하여 시민들의 다양하고 변화하는 욕구에 대응하지 못할 뿐 아니라, 대중의 참여와 지지를 획득하는데 어려움이 생긴다(Johnson, 1987:57). 즉 정부의 활동은 보편성이나 공평성과 같은 사회적 가치에 구속되어 획일화되고 비효율적이기 쉬우며, 기존의 법률 안에서 활동해야 하기 때문에 독창성을 발휘하거나 실험적 서비스를 개발하기 어렵다. 이런 속성 때문에 정부는 본질적으로 관료적이고, 경직되어 있어서 인간을 고려하지 않는 대규모의 규격화된 서비스를 제공한다(Kramer, 1981:63)고 주장하는 학자도 있다.

이상의 지적들이 바로 정부가 사회복지서비스를 제공할 때 나타나는 문제점들이다. 따라서 공공부문이 사회복지서비스를 전달하는 것이 반드시 형평성이나 적용범위(coverage), 그리고 책임성 등을 제고한다고 할 수는 없다.

그러나 사회복지서비스 제공에 있어서 정부 공급의 한계가 지적되기 시작한 것은 실제로 경제적 원인이었다. 1970년대 이후 두 차례의 석유파동으로 세계 경제가 침체하게 되자, 정부의 세입증대는 곤란하게 되었고, 시민들은 조세저항 운동까지 벌이게 되어 재정의 위기현상이 발생하였다. 미국의 경우, 1978년 캘리포니아 주민이 세금인상반대 발의안인 Proposition 13을 주민투표로 통과 시킨 이후 연이어 다른 주(洲)들에서 세금 삭감 운동이 발행하여 시정부의 재정확보가 위기에 직면하게 되었다. 이와 같은 상황이 정부의 역할을 줄이도록 압력을 행사하였다. 그 후로 서독(1983), 네덜란드(1982), 덴마크(1981), 스웨덴(1976), 미국(1980, 1984) 및 영국(1979, 1983)의 선거에서 승리한 정당의 정책기초가 정부의 역할을 줄이고 민간부문의 역할을 증대 시키는 우익적인 경제정 책(right-wing economic policies)이었고, 이 정책들은 복지국가를 축 소하는 방향으로 나아갔다.

결국 이로 인하여 작은 정부를 지향하는 많은 국가들에서 사 회복지서비스의 공급을 공공부문에 전적으로 의존하기 보다는 정 부가 민간부문에 서비스의 공급을 위탁하거나, 민간부문의 서비 스를 구매하여 제공하는 방식들이 시행되었다.

2.1.4. 민간비영리부문의 한계

사회복지서비스를 민간비영리기관이 제공하는 경우에는 공공 부문이 제공하는 것과는 다른 장점이 있다. 크래머(Kramer)에 의 하면 사회복지서비스를 제공하는데 있어서 민간부문만의 고유유 한 기능은 ① 목적이 혁신적이고, 선험적이며, 실험적이고, 시범 적인 프로그램을 운영할 수 있는 선구자적 역할(vanguard role), ② 정부가 요구하는 서비스를 설립·개선·확장하도록 감시하고 비판 하는 개선자 혹은 대변자로서의 역할(improver role) ③ 시민참여, 지도력개발, 그리고 사회적, 종교적, 문화적인 소수 집단이나 혹은 다른 측면에 있어서 소수 집단들의 특별한 이익을 보호하는 특정적이고 분파적인 가치를 보호하는 가이드로서의 역할(value-gaurdian role) ④ 공적인 책임성이 요구되지만 정부가 할 능력이 없거나 혹은 정부가 직접적으로 제공하려는 의사가 없는 서비스를 제공하는 보충적 서비스 제공자로의 역할(supplement role)에 (Kramer, 1981:327-336)에 있는 것으로 주장되었다. 김석산도 사회복지서비스 공급에 있어서 민간부문의 고유성을 ① 정부복지활동을 보완하는 기능, ② 요구호대상자의 문제를 객관화하여 공공문제로 변화시키는 기능, ③ 실험적인 새로운 서비스를 실시하여 선구적인 역할을 담당하는 기능으로 분류하였다(김석산, 1987:26-28).

이와 같은 민간비영리 사회복지조직의 고유한 특성들, 즉 공적 조직과는 다르게 필요한 사회복지 프로그램을 쉽게 시작할 수 있다는 점이나 특수 대상에 대한 전문적 서비스를 공급할 수 있다는 등의 장점 때문에 국가복지가 확장되던 시기에 조차도 민간 비영리 사회복지부문은 결코 그 중요성이 간과되지 않았다. 국민적 최저를 주장하였던 웹부처(Webbs)도 자발적인 민간 복지활동의 우월성을 강조하였고, 복지국가의 청사진을 마련한 베버리지(Beveridge)도 「자원활동(Voluntary Action)」이라는 저서를 출간하여 영국의 우애조합 등 민간비영리 복지부문의 역할을 과소평가해서는 안 된다고 주장하였다. 또한 영국 노동당의 사회정책 브레인 이었던 티트머스(Titmuss)도 유명한 그의 저서 *Gift Relationship*에서 자발적이고 비영리적 동기의 중요성과 우월성을 강조하였다(이혜경, 1998:46-47).

그러나 사회복지서비스 공급을 민간비영리부문에만 의존하는 경우에도 문제가 있는 것으로 지적되고 있다. 살라먼(Lester Salamon)의 주장에 의하면 민간비영리부문들은 본질적으로 불충분성, 온정주의, 특수주의, 비전문주의 등의 내재적 특성을 가지고 있어서 사회복지서비스를 제공하는데 완전하지 못하다. 그는 이를 '자원부문 실패이론' (voluntary failure theory)으로 명명하였다(Salamon, 1995:103-114).

불충분성(philanthropic insufficiency)이란 민간비영리부문의 재원조달 측면에서 발생하는 문제이다. 민간비영리부문의 재원조달이 자발적이고 자선적인 기부에 의존하기 때문에 근본적으로 불충분하고 불안정하다는 것이다. 이로 인하여 사회복지서비스에 대한 욕구가 증대할 때나 경기 침체 시와 같이 사회복지서비스에 대한 수요가 오히려 더 커지는 시기에 민간기관들은 그 역할을 제대로 하기가 어렵다는 것이다.

민간비영리부문의 재원조달 방식이 또한 온정주의(philan-thropic paternalism)특성을 초래한다. 민간조직들은 재원을 제공하는 사람들의 요구나 가치를 우선적으로 반영하여 혜택을 받는 대상자나 조직활동의 내용을 선정한다. 자원을 제공하는 사람들이 자신들의 도덕적 기준과 가치체계에 비추어 지역사회의 욕구를 가치 있는 것 혹은 무가치한 것으로 판정한다. 따라서 이들 조직들은 보편적 사회복지서비스 공급이 가능하지 않게 된다.

또 다른 한계점은 민간비영리부문의 장점이라고 주장되는 특수주의(particularism)가 한계로 작용하는 부분이다. 특정인구 집단이나 특정 지역에만 봉사하는 경우 전국적 수준에서의 배분에 관한 협의나 조정은 이루어 질 수 없으며, 특정 집단의 욕구가 과도하게 반영되거나 아니면 배제되고, 지역 간의 격차가 발생하게 되어 서비스의 중복이나 단절이 발생한다는 것이다. 이 때문에 공공이익을 바탕으로 한 효율적인 자원사용이 가능하지 않게 된다.

그리고 민간비영리부문은 비전문성(amateurism)의 문제도 가지고 있다. 재정문제로 인해 적절한 보상을 통한 전문인력을 동원하지 못하고 자원봉사에 주로 의존하게 되어, 종교적 설득이나 도덕적 예시와 같은 비전문적 활동으로 변질될 우려가 있다는 것이다.

살라먼은 이와 같은 민간비영리부문의 한계점 때문에 사회복지서비스 공급 모형에 있어 정부와 민간비영리부분의 협력관계가 필요하다고 주장하였다.

또한 사회복지서비스 공급을 민간비영리부문에만 맡기는 경우 발생하는 문제를 실증적으로 뒷받침하는 연구도 있다. 터커(Tucker)에 의하면 민간비영리부문이 사회복지서비스를 공급하는 것이 반드시 혁신적이고 창의적인 서비스를 제공하게 되는 것도 아니라고 주장한다. 그는 캐나다의 17개 민간기관에 대한 실증연구를 통해 민간기관의 운영이 일반적으로 기대되는 바와 같이 혁신적이고 창의적이라기보다는 기관의 활동영역을 고수하고 운영의 자율성을 유지하는데 급급하고 있다고 밝혔다(Tucker, 1980).

2.1.5. 새로운 대안: 정부와 민간비영리조직의 협조

이상에서 살펴본 것과 같이 사회복지서비스 공급을 공공부문이던 민간부문이던 어느 한쪽에만 맡기는 것에는 한계가 있다는 것을 알 수 있다. 논리적으로 비영리부문의 한계로 정부가 들어서면 다시 공공부문의 한계가 드러나게 되고, 그에 따라 다시 비영리부문으로 대체되면 이 부문의 한계가 드러나면서 공공부문으로 대체될 것이 요구될 것이므로 이 양 부문 간의 끝없는 상호 대체적인 관계가 지속될 것이다. 따라서 양 부문의 생산적 결합을 통하여 각 부문의 단점을 피하고 장점들을 결합하는 것이 바람직하다. 현실적으로 서구 유럽과 북미에서 복지국가위기론 이후 정부와 민간비영리조직과의 협력 방식이 모색되고 있다.

복지국가와 관련한 비영리조직의 역할은 상반된 두 가지 측면
이 있다. 하나는 신자유주의적 이념하에서 국가개입의 최소화를
비영리조직의 활동을 통하여 이룩하려는 시장 중심적 시각이고,
또 다른 하나는 강화된 비영리조직의 역할을 국가정책의 실질적
정책대안으로 자리매김하려는 공동체 중심적 시각이다. 전자가
비영리조직을 신자유주의적 정책집행의 도구적 수준으로 치환하
는 것이라면, 후자의 경우는 국가기능의 시민사회이양(citizen
empowerment)을 추구한다(강명구, 2000). 어떤 시각으로 비영리조
직의 역할을 조명하건 자명한 것은 현재 복지국가에서 사회복지
서비스 공급주체로 비영리조직의 역할이 확대되고 있다는 것이다.

그러나 이에 못지 않게 민간비영리조직의 정부 재원에 대한 의
존도 강화되고 있다. 민간비영리조직에 관한 연구의 세계적 권위
자인 살라먼과 안하이어(Salamon & Anhiere, 1996)의 연구에 의하
면 사회복지서비스를 공급하고 있는 민간비영리조직들의 재원 구
조에서 가장 높은 비율을 보이고 있는 것이 정부지원이었다. 세계
8개국의[5] 민간비영리조직의 크기와 규모를 비교한 연구결과를 보
면 사회복지서비스 분야에서 활동하고 있는 민간비영리조직의 재
원은 주로 정부 지원 51%, 사용자 부담 33%, 민간기부 16%로 구
성되어 있는 것으로 나타났다. 미국을[6] 제외하면 사회복지서비스
를 제공하고 있는 민간비영리조직들의 재정구조는 회비보다는 국
가보조가 평균 60%를 넘어 정부와 비영리조직이 긴밀한 관계를
유지하고 있는 것으로 드러났다. 미국의 경우도 다른 선진국과 차

---

5 미국, 일본, 독일, 영국, 프랑스, 스웨덴, 이태리를 포함하는 선진국 7
개국과 헝가리.
6 미국의 비영리 사회복지부문의 재원구조는 정부보조가 44%, 사용자
부담이 29%, 민간의 기부가 28%인 것으로 드러났다.

이는 나지만 민간비영리조직은 정부지원금이 차지하는 비율이 44%, 사용자부담이 29%, 민간의 사적 기부가 28%를 구성하고 있어서 단연코 정부 지원이 재원의 가장 큰 부분을 차지하고 있다 (Salamon and Abramson, 1982). 이는 사회보장법 제20조에 의하여 정부의 사회서비스 재정 가운데 전체의 약 50%가 넘는 액수가 민간비영리단체나 영리단체가 제공하는 서비스를 매입하는데 (Salamon and Abramson, 1982:28) 사용되고 있기 때문이다.

결국 건강 및 사회복지서비스 등을 제공하는 민간비영리조직의 재원의 상당부분이 정부지원이라는 것이다. 이런 경향을 크레머 (Kramer)는 다음과 같은 말로 지적하였다.

"오늘날 민간비영리조직들의 정부에 대한 의존도는 과거 어느 때보다 높아져 있는데도 불구하고, 민간비영리조직의 전국 연합 체들이 자신들을 '독립부문(independent sector)'라고 이름 붙이는 것은 매우 아이러니한 일이다"(Kramer, 1981).

이와 같이 사회복지서비스 공급을 위하여 정부와 비영리조직의 협력 관계가 발생하는 것은 비영리조직이 영리조직과는 다르게 이윤추구를 목적으로 하지 않고, 정부와 마찬가지로 다수를 위한 공익을 추구하기 때문이다. 사회복지서비스에 대한 정보가 제대로 제공되지 않는 경우 이윤을 추구하지 않는 비영리조직이 영리조직보다는 상대적으로 더 나은 서비스를 제공할 것이라는 신뢰를 받게 된다. 따라서 '복지국가의 위기' 이후로 영리조직보다는 비영리조직이 시장과 국가 양자의 실패의 결과로 남겨진 사회복지서비스를 전달하기에 더욱 적절한 존재로 간주되고, 정부와의 협력관계를 형성하게 된다.

정부와 민간비영리조직이 협력을 통해 사회복지서비스를 제공하는 데에는 다음과 같은 장점들이 있다. 정부는 민간비영리조직을 활용함으로써 공무원과 관료제를 통해 서비스를 제공하는데 따르는 각종 어려움을 피하면서 보다 신속하게 서비스를 제공할 수 있다. 이러한 장점은 특히 실험적인 사업이나 시범사업 등에서 두드러지게 나타난다. 또한 비영리조직과 계약을 통한 서비스 매입방식은 접근이 곤란한 집단이나 소수집단의 특수한 욕구를 충족킬 수 있는 프로그램을 제공하는 것이 가능하도록 한다. 정부는 지역사회에서 이미 활동하고 있는 민간비영리조직들이 가진 각종 자원과 전문지식에 의존함으로써 정부가 서비스를 제공하는 경우보다 특수집단의 상황에 훨씬 더 부합된 서비스를 제공할 수 있다.

　　바로 이러한 장점 때문에 민간비영리조직의 독립성에 대한 문제제기에도 불구하고 복지국가에 대한 대안으로, 즉 국가에 전적으로 의존하거나 민간부문에 전적으로 의존하는 이원적 차원에서의 선택이 아닌, 이 양자 간의 협조가 선택되고 있다.

2.2. 선진국의 정부 및 비영리부문의 협조관계 사례: 미국, 일본, 독일의 경우

　　본 절에서는 정부와 민간비영리조직이 협력하여 사회복지서비스를 제공하고 있는 다른 나라들의 경험을 살펴본다. 특히 미국, 일본, 독일에서 각 나라들의 사회복지서비스 공급을 위한 정부와 비영리부문 간의 협조 형태와 이를 발생시킨 배경을 함께 고찰한다. 이를 통하여 각 국의 정부와 비영리부문 간 협조 방식의 독특성을 규명한다.

2.2.1. 미국의 비영리조직과 계약 제도

미국에서 민간기관은 사회복지서비스를 제공하는데 있어서 가장 중요한 역할을 담당하고 있다. 살라먼(Salamon, 1992)의 연구에 의하면, 1987년 현재 미국에서 사회복지서비스를 제공하는 기관은 총 106,073개가 있는데, 이 중 전체의 59%를 민간비영리조직이 차지하고 있고, 41%를 민간영리조직이 차지하고 있어 사회복지 서비스가 주로 민간기관에 의해 제공되는 것으로 나타났다. 이 수치만을 놓고 보면 민간기관 중 비영리부문이 차지하는 비율이 영리부문보다 약간 높은 것으로 보이지만, 사회복지 서비스 공급의 재정구조와 고용구조를 살펴보면 비영리부분이 두드러지게 약진하고 있음을 알 수 있다. 즉, 1987년 사회복지서비스 부문에 지출된 총액이 약 420억불이었는데, 이 중 비영리부문이 74%, 정부가 9%, 영리부문이 17%를 차지하는 것으로 나타났다. 같은 해 전체 사회복지부문에 고용되어 있는 고용인 수는 190만 명이었는데, 이들 중 58%가 비영리부문에, 23%가 공공부문[7], 19%가 영리부문에 고용되어 있는 것으로 밝혀졌다(Salamon, 1992:83-85). 따라서 미국에서는 비영리부문이 사회복지서비스를 공급하는데 결정적인 역할을 하고 있음을 알 수 있다.

미국이 사회복지서비스부문에 있어서 이렇게 비영리부문의 약진이 가능했던 것은 '계약'제도에 의한 연방정부의 보조금제도와 '계약(contract out)제도 때문이었다.

미국의 보조금 제도는 일반적으로 범주별 보조금(categorical grants), 포괄적 보조금(block grants), 그리고 일반조세 분배형태(general

---

[7] 이들은 주로 공공복지활동에 고용된 사람으로 대개가 지방정부수준에서 AFDC와 일반부조와 같은 현금부조프로그램에서 일하는 사람들이다.

revenue grants) 3가지로 분류된다(Haider, 1989:83-100).

범주별 보조금(categorical grants)은 연방정부가 주정부에 재원을 보조하여 왔던 가장 오래된 형태로 미리 보조금이 사용될 프로그램을 지정해놓고 지원하는 것이다. 지원형태는 보조금의 목적, 규칙, 절차와 규제방법에 따라 상이한데, 지원대상 프로그램을 법률로 지정하거나 정부부처의 지침으로 규정하여 사업에 대한 지원을 한다.

포괄적 보조금(block grants)은 연방정부가 주정부에 지원하는 것으로 반드시 보조금 내역에 명시된 기능들을 위해 사용되어야 하지만, 명시된 기능의 범위 내에서 주정부가 세부적인 사용내역을 자유로이 결정할 수 있는 형태이다. 따라서 포괄적 보조금은 범주별 보조금보다 더 광범위한 변이를 가지고 있고, 주 정부의 자유재량도 훨씬 크다.

일반세입분배(general revenue grants)는 기존의 보조금 제도가 주나 지방정부의 창의적인 주도성을 제한한다는 문제가 제기되면서 닉슨 행정부가 1972년에 도입한 것으로 사용 용도에 아무런 제한을 두지 않고, 지방정부에 보조금을 지원하는 것이 특징이다. 그러나 이 제도는 적지 않는 문제를 야기하여 1986년에 폐지되었다.

이상의 연방정부의 보조금을 주 정부가 받아서, 주 정부의 사회복지서비스 예산을 매칭하여 다시 주정부가 비영리조직이나 다른 영리조직과 사회복지서비스 공급에 대한 '계약(contract)'을 맺고 거기에 따른 비용을 지불하는 것이다. 이들 보조금 종류 중에서 레이건 행정부시기 특히 사회복지서비스 분야의 지배적인 연방정부 보조금 유형으로 자리잡은 범주별 보조금이 사회복지서비스 공급에 있어 비영리부문의 확장을 가져오는데 결정적인 역할을 하였다.

민간비영리조직과 '계약'에 의해 사회복지서비스를 제공하는

가장 최초의 실험은 1960년대 '뉴프론티어(New Frontier)'와 '위대
한 사회(Great Society)' 프로그램에서 시도되었다. 그러나 이 형태
는 1970년대 후반까지는 규모가 작은 채로 남아있다가 1975년 사회
보장법(Social Security Act) 제20조(Title XX Social Service Block Grant)
가 제정되면서 크게 확대되었다(Kettner and Martin, 1988:46-60).

  결국 미국에서는 정부가 '계약'을 통하여 비영리조직으로 하여
금 사회복지서비스를 직접 생산하여 전달하게 하고, 정부는 보조
금을 통해 재정을 지원하는 '제3자 정부(third-party govern-ment)[8]'
라는 독특한 정부와 민간비영리부분의 협조형태를 만들어 내게
되었다. 그리고 1970년대 후반부터 조세 저항과 사회복지에 대한
정부지출 삭감에 대한 논의들이 강해지면서, 정책 입안자들이 정
부 서비스와 재화를 민영화하는 방안들을 추진하게 되었고, 이
과정에서 민간비영리조직의 활용이 더욱 확대되었다(Bennett and
Johnson, 1981).

  정부와 민간비영리조직 간의 '계약'제도의 확장을 옹호하는 학
자들은 비용효율성의 측면에서 이 제도의 필요성을 역설한다. 계
약제도를 통하면 사회복지 프로그램을 쉽게 시작할 수 있으며, 효
과가 없거나 비용이 많이 드는 사회복지 프로그램은 쉽게 중단할

---

8 살라먼(Lester Salamon)은 오늘날 미국 사회복지제도의 특성을 '제3
  자 정부'로 설명하였다. 그는 국민들에게 사회복지서비스를 제공하
  는데 있어서 재원은 연방정부가 제공하지만 그 서비스의 전달은 주
  나 군, 시정부, 대학, 병원, 은행 그리고 다른 산업화된 법인들을 이
  용하는 것을 가리켜 이렇게 명명하였다. 즉 미국은 정부의 기능을
  수행하는데 다양한 범위의 제3자들을 이용하였고, 이 제도 내에서
  정부는 공적인 기금의 사용과 공권력의 행사에 있어서 상당한 자유
  재량을 3자 수행자들과 나누고 있어서, 이 제3자들이 정부의 재정
  지원하에 사회복지서비스를 수혜자에게 전달하지만 상당한 자유재
  량을 누리는 특성을 가지고 있다고 주장하였다.

수 있다. 예를 들면, 공공기관이 직접 서비스를 제공하는 경우 공공기관에서는 의사를 결정하고 예산을 배정하는 과정이 민간부문보다 일반적으로 더 오래 걸리기 때문에 새로운 프로그램을 시범적으로 실시하는데 어려움이 있다. 반면에 민간기관은 구체적인 예산심의 과정을 거치지 않고도 필요에 따라 빠른 결정을 내릴 수 있으므로 새로운 프로그램의 실시가 용이하다. 또한 계약제도를 이용하면 민간부문의 기술인력과 전문성을 활용할 수 있는 장점도 있다. 이는 공공기관이 모든 분야에서 전문성을 갖춘 인력을 보유하기에는 상당히 어려운데 비해 일부 민간부문에서는 공공기관이 갖추지 못한 기술인력과 전문성을 갖추고 있기 때문에 공공기관이 전문성을 갖추도록 하여 서비스를 제공하는 것보다 민간기관이 사회복지서비스를 제공하는 것이 비용을 절약하게 한다.

물론 '계약'제도의 이런 장점들은 단순히 정부가 서비스를 민간기관과 계약하는 것만으로 나타날 수 있는 것은 아니다. 디후(DeHoog)는 ① 환경과 정부의 계약절차에 있어서의 경쟁성, ② 비용 감소와 서비스 질 향상을 위한 정부의 의사결정, ③ 정부의 효과적인 감시체제와 같은 최소한의 조건들이 만족되어야 계약제도가 가진 장점을 충분히 살릴 수 있다고 지적한다(DeHoog, 1990:17-33). 또한 사바스(Savas)는 ① 계약의 서비스가 구체적이어야 하고, ② 계약의 대상이 될 수 있는 생산자가 많아서 경쟁적인 분위기가 있거나 조장될 수 있고 또한 유지되어야 하며, ③ 정부가 계약자의 성과를 감독할 수 있어야 하며, ④ 계약서에 적절한 조건이 포함되고, 그 조건이 이행될 수 있어야 이 제도의 장점을 충분히 살릴 수 있다고 주장하였다(Savas, 1987:109).

2.2.2. 일본의 비영리조직과 조치위탁제도

일본의 경우, 정부와 민간기관이 함께 사회복지서비스를 제공하는 대표적인 방식이 조치위탁제도이다. 조치위탁은 자격을 갖춘 민간기관 가운데 시장 혹은 구청장이 허가(franchise)한 민간기관에게 서비스를 위탁하고, 위탁을 맡은 민간기관의 운영 상태가 어렵다고 판단될 경우 보조금(grant)을 지급하는 것이다. 따라서 조치위탁은 정부가 위탁자가 되고 민간사회복지법인이 수탁자가 되어 서비스 제공에 대한 수행을 맡는 것이다. 이 제도는 공공 재원으로 국민들에게 필요한 사회복지서비스를 민간기관들이 전달한다는 점에서는 미국의 계약제도와 같은 개념이지만, 실제적인 운영방식에 있어 차이를 보인다.

'조치에 의한 위탁'이 처음 등장한 것은 1951년에 제정된 사회복지사업법 제5조 2항에서 였다. 이 조치라는 용어는 다시 조치위탁, 조치회의, 조치기관, 조치권자, 조치기준, 조치비, 조치신청 등으로 나누어 사용되었다.

일본의 소위 복지6법이라 불리는 생활보호법, 아동복지법, 신체장애자복지법, 정신박약자복지법, 노인복지법, 모자 및 미망인복지법 등의 법률에서는 복지서비스를 수행하는 것이 행정관청의 의무로 부여되어 있다. 이와 같은 행정기관의 의무와 권한 또는 그것에 근거하여 이루어지는 복지서비스 자체를 '조치'라고 부르고, 조치를 하도록 의무가 부여되거나 권한을 부여 받고 있는 행정기관을 '조치권자'라고 칭하였다[9]. 따라서 복지사무소장, 아동

---

9 원래 이들 사회복지관련법률에 의하여 조치권자는 광역자치단체의 장 또는 기초자치단체의 장이 되며, 조치사무는 국가가 지방자치단체의 장에게 위임한 기관위임사무로 되어 있다. 그러나 일본의 경우

상담소장, 구청장, 동장 등이 조치권자가 되어 해당지역의 민간사
회복지시설에 보호자를 수용 위탁하는 형태가 조치 위탁이고, 이
에 대한 비용을 조치비라고 하여 공공기관이 민간시설에 지급한
다. 조치비는 시설운영 관리비로서, 사무비와 입소 관련 사업비
(처우비)로 나누어 지원된다. 사무비는 주로 상근직원과 비상근직
원의 급여와 시설의 관리에 드는 비용을, 사업비는 각 시설에 공
통으로 지급되는 일반생활비(입소자의 생활, 즉 의식주)와 교육비,
학교 급식비, 견학비, 의료비, 입학금, 작업보조비, 취직지원금, 장
례비 등과 같은 특별생활비용을 지급하였다(일본전국사회복지사
협회, 1987:321). 조치비는 1950년부터 1966년까지는 입소자 1명에
한하여 1일 단가를 중심으로 산정한 방식으로 지원되다가, 1967년
에서 1971년에 '표준시설방식' 즉 시설의 종류마다 표준규모의 시
설을 설정한 후에 1개 시설 당 소요되는 금액을 기준으로 산정하
여 지원하는 방식으로 전환되었다. 그후 1972년부터 '시설 직종별
직원 산정방식' 즉 시설종별 규모에 따라 정해진 직종별 직원정수
에 인건비 단가를 포함시킨 산정방식이 채택되어 조치비 수준이
크게 향상되었다. 그리고 조치기준은 사회복지시설의 입소기준을
말한다(한국보건사회연구원, 1990:28).

　이 조치제도는 제2차 세계대전 이후 일본이 경제적 어려움을
겪게 되었을 때 당시 점령군 정부가 민간사회복지시설에게 공공
자금을 제도적으로 지원하기 위하여 실시한 것에서 유래하였다.
사회복지사업을 정부가 구입하는 "민간복지사업 구입이론"하에
이 제도가 활성화되었다. 그리고 이 복지의 조치가 1947년 아동복
지법의 제정과 함께 법률용어로 등장하였고, 그후 1949년 일본의

　1987년에 '기관위임사무정리법'에 의해 이들 업무를 기관위임사무로
부터 단체위임사무로 변경하였다.

신체장애자복지법 제35조에 행정조치에 필요한 비용이라는 항목
에서 처음으로 공식적으로 사용되었다. 그 후 1961년에 제정된 사
회복지사업법 제5조 2항에서 국가가 민간시설에 '조치에 의한 위
탁' 이라는 형식으로 일반화되었다(한국보건사회연구원, 1990:19).
그러나 일본은 이 제도가 일반화되면서 공공기관이 조치비를 지
불하는 것을 빌미로 그 책임을 민간에 전가하게 될까봐 이를 금
지하는 법 또한 규정되어 있다.

　'복지의 조치'란 법률용어이지만 조치비(expense for welfare
placement)란 용어는 법률상의 용어가 아니라 행정상의 용어이다
(최영욱 외, 1990:70). 위탁 역시 행정적인 조치이다. 원래 위탁이
란 대등한 관계에 있는 기관/사람 사이에 행해지는 뜻으로 사용
된다. 민간위탁'은 행정권한의 위임 및 위탁에 관한 규정으로 각
법령에 규정된 행정기관의 사무 중 일부를 지방자치단체가 아닌
법인, 민간기관, 개인에게 맡겨 위탁자의 자유재량에 따라 행사하
도록 한 것이다. 그러므로 일단 위탁된 사무는 수탁자의 명의와
책임하에서 처리되며, 처리의 법률효과도 일단은 수탁자에게 귀
속된다. 즉 실질적으로 수탁자에게 권한이 이전되는 특징이 있다.
그러나 위탁이 사무처리의 권한을 실질적으로 이전하는 것이기는
하지만, 법적으로는 위탁자가 여전히 그 정식의 권한을 보유하고
수탁자의 사무처리에 관해 지휘·감독을 하는 특성을 지니고 있다.
결국 조치위탁이란 서비스 공급의 결정권과 책임은 정부가 계속
가지되, 서비스 생산활동은 민간사업자에게 맡기고, 여기에 대한
비용을 부담하는 방식이다.

　이 조치위탁의 방법을 미국의 계약의 형태와 비교하여 보면 정
부가 보조금을 지원하고 민간기관이 서비스를 제공한다는 측면에
서는 유사하지만 미국의 '계약' 형태보다 정부의 개입과 규제, 즉

관리·감독이 강한 것이 다른 점이다. 이는 민간사회복지시설과 정부 간에 피조치권자와 조치권자라는 법률적 관계가 형성되고, 또한 민 간기관과 공공부문 간에 상하 수직적 관계가 형성되기 때문이다.

2.2.3. 독일의 보족성(Subsidiary)의 원칙과 보조금 제도

대표적인 복지국가 중의 하나인 독일도 사회복지서비스 공급에 있 어 정부와 민간비영리기관의 협력이 매우 폭 넓게 존재하고 있다. 1980년 말에 시작되어 현재 22개국이 참여하고 있는 세계 각 국의 비영리부문의 크기와 규모를 파악하는 존스 홉킨스 대학(Johns Hopkins University)의 살라먼과 안하이어(Lester Salamon & Helmut K. Anhiere)의 '국제 비영리부문에 관한 비교 프로젝트(comparative nonprofit project)'에서 제1단계 '선진 7개국 비교연구[10]'의 결과에 의하면 독일의 경우 비영리조직이 전체 경제에서 차지하는 비율 이 GDP의 1.2%인 것으로 나타났다. 사회복지서비스는 이 1.2% 중 약 25%를 차지하고 있어 보건부문(35%)을 제외하고는 전체 비영리부문 중에서 가장 큰 비중을 차지하는 것으로 조사되었다 (Salamon and Anheier, 1994).

대표적 복지국가 중의 하나인 독일에서 사회복지서비스부문에 서 활동하는 비영리기관들이 많은 이유는, 독일 사회정책의 근간 을 이루고 있는 중요 원칙 중의 하나인 '보족성(Subsidiary)'의 원 칙때문이다.

보족성의 원칙이란 개인의 개별적 욕구의 충족이나 사회문제의 해결은 개인에게 가장 가까운 사회단위-가족, 교구, 지역사회, 자

---

10 1단계 프로젝트에 참여했던 국가는 미국, 프랑스, 독일, 이태리, 일본, 영국, 헝가리 등을 포함한 7개국이었다.

발적 조직의 순으로-에서 일차적으로 이루어져야 하고, 이러한 일
차적인 단위들의 능력을 넘어설 때 조금 더 큰 사회 단위-지방자
치단체, 국가-가 문제를 해결하도록 개입되어야 한다는 것이다.
그러므로 이 원칙에 따르면 각 개인들의 문제해결이나 욕구충족
을 우선적으로 해결할 책임이 있는 사회단위는 가족, 지역사회,
지방자치단체의 순이며, 그래도 해결이 안 되는 경우에 한하여 마
지막으로 정부가 책임을 지도록 한다. 이 원칙에서 더욱 중요한
것은 상위 혹은 대규모 단위는 소규모 혹은 낮은 단위의 지위를
빼앗아서는 안될 뿐만 아니라 낮은 단위들이 그들의 과제를 수행
하는데 도움을 주어야 할 의무가 있다는 것이다.

이 원칙의 기원은 19세기 예수회와 기독교의 도덕적 철학으로
거슬러 올라가지만, 실제로 역사 속에서 확연하게 두각을 나타낸
것은 교황 21세의 1931년 '40년 회칙'(Quadragesimo anno of 1931)
이었다.

원래 초기의 보족성의 원칙은 개인, 가족, 지역집단, 작업집단,
그리고 국가 간에 위계적인 관계가 정형화되어 있는 조합주의를
가리키는 것이었고, 여기서 큰 단위(예, 국가)는 더 작은 단위(예,
교회)들이 성취할 수 있는 책임성을 인정해주어야 한다는 것을
의미하였다. 그후 이 원칙이 독일 사회복지제도의 중앙집권화와
세속화에 반대하는 정치적 이데올로기로 성장하였다. 국가 권력
이 강화되었던 프러시안 왕국과 바이마르 공화국, 나치 전체주의
등의 경험을 거치면서 사회복지 제공자 혹은 옹호자로서 국가의
정당성이 상실되었다. 그리고 나치 전체주의 시기 동안에 나치 조
직들이 이전의 모든 독립적인 복지조직 또는 협회를 중앙화하거
나 대체하였기 때문에 1945년 전쟁에서 패배한 이후 독일은 정치
적, 사회적으로 진공상태가 되었다. 그래서 전후에 종교조직이나

적십자, 그리고 이와 비슷한 조직들이 그나마 남아있던 공공 복지 서비스 조직들보다 신뢰를 받게 되어, 복지서비스가 이들에 의해 제공되게 되었다. 이러한 환경하에 카톨릭의 CARITAS (Catholic), 개신교의 Diakonisches Werk, 사회민주당의 노동복지조합인 AWO, 초종파적인 독일단일복지협회(DPWV: German Parity Welfare Association), 유대인복지중앙회ZWSJD 등과 같은 단체가 형성되었다. 이후 이들은 자유복지협회(Free Welfare Association)로 통합되었고, 협회에 대한 신뢰가 강화되면서 고도로 중앙화된 독일 국가의 재출현을 피하기 위하여 정부와 협회 간에 연합을 이루는데 성공하였다. 또한 전후 독일의 교회 카톨릭 민주당의 힘이 막강하여 교회 부속 사회복지기관들이 사회복지서비스를 전달하도록 국가의 동의를 얻을 낼 수 있었다. 이와 같은 과정을 거치게 되면서 협회의 각 지부 및 교회의 부속 사회복지기관들과 지역 사회 간의 관계를 밀접하게 유지시키는 제도적 장치들이 강화되었다 (Salamon and Anheier, 1996:15-18).

이런 역사적 전개과정 위에 1950년부터 1975년 사이에 독일사회복지제도의 기간이 되는 보족성의 개념을 받아들이는 세개의 법률들이 제 각각 통과되어 민간비영리조직들이 사회복지서비스를 전면적으로 공급하고 정부가 이에 대하여 보조금을 지급하는 제도가 마련되었다.

우선 복지·사회서비스를 공적, 사적으로 제공하는 것을 표명하고 있는 1961년의 사회부조법(Social Assistance Act)이 그 중의 하나이다. 이 법은 교회, 지역종교단체, 그리고 자유복지협회 등의 목표, 기능, 수행에 관한 독립성을 제 각기 인정하면서도 이들이 서로 협조하도록 사회부조에 대한 정부의 책임성을 의무화하였다. 법 제3항에 공공단체들이 사회복지분야의 자유복지협회(Free Welfare

Associations)를 적절히 지원할 것을 규정하고 있다. 또한 이 법은 지역사회수준에서 적절한 자유복지협회의 설립과 확대 가능성이 있는 곳에는 공공복지단체가 설립되는 것을 금지함으로써 지역사회수준에서 비영리부문에 의해 독점적으로 사회서비스가 제공되도록 하였다. 이후 사회정책분야 입법들이 사회부조법에 명시된 이와 같은 관계를 기본적인 필요조건으로 확인해주는 방향으로 개정되었다. 예를 들면, 청소년복지법(The Youth Welfare Act)이 청소년서비스를 제공하는데 있어서 비영리부문의 특별한 역할을 명문화하였고, 다른 법률들이 보건과 고용, 훈련 등과 같은 분야에서 부가적 책임성을 비영리부문에 할당하였다. 또한 19세기 후반부터 1970년까지 제정된 사회 규제 조항들을 제도화하려는 노력으로 1976년에 입법화된 사회법(Social Code)은 다시 한번 개별적인 도움이나 보호가 어떤 형태의 사적·공적 부조보다 우선한다는 것(제2조)과 공공부문과 비영리부문이 그들의 도움을 받는 수혜자들을 위하여 효과적으로 서로 협력할 것을 의무화하였다(제3조).

결국 이러한 법들이 독일복지국가의 운용에 있어서 정부와 비영리기관의 협력하도록 근본적인 환경을 만들었고, 법적·재정적으로 국가와 민간비영리조직 간에 긴밀한 네트웍을 형성하는 몇 가지 중요 유형들을 창조하였다.

첫 번째 유형은 일단 핵심적 분야에서 비영리조직이 기본적으로 서비스를 제공하도록 하고 이들에게 국가가 직접 보조금과 포괄적 보조금(direct subsidy and block allocations)을 제공하는 형태이다. 직접 보조금은 주정부나 연방정부로부터 지원되고 주로 사회부조법이나 청소년복지법 등(Social Assistance Act or Youth Welfare Act, etc.)의 적용을 받는 비영리조직을 보조하고 있다. 그리고 학교, 탁아소, 병원 등을 건축하는데 필요한 지출을 위하여도 제공될 수 있다(Salamon and Anheier, 1996:17).

두 번째 유형은 연방, 주, 지방정부가 예산구조법(Budget Structure Act)의 관련항목에 명시된 공익을 목적으로 하는 특별한 프로젝트들을 위하여 비영리조직들에게 부가적으로 지원하는 보조금(grants)의 형태이다. 투자나 시설의 기본운영은 법적 지원금을 받게 되지만 활동에 관한 지원은 바로 이 보조금의 지원을 받게 되는 것이다. 예를 들어, 장애청소년에게 일자리 제공을 목적으로 하는 특별한 프로그램은 법적 지원금(statutory subsidy)보다는 공적 보조금(public grant)을 지원 받는다(Salamon and Anheier, 1996:17).

세 번째 유형은 특별한 책임성에서 기인하는 민간 조직들에게 지원되는 법적 이전(statutory transfer)형태이다. 이 경우 국가를 대신하여 개인이나 가족에게 서비스를 제공한 비영리조직들에게 공적 자금이 이전된다.

이상에서 살펴본 법률과 보조금 제도를 통하여 독일은 사회복지서비스를 공급하는 데 있어서 나름의 독특한 국가와 비영리기관 간의 협조 관계가 형성되었다. 즉, 국가는 일반적인 정책 틀을 제공함으로써 사회복지에 대한 전반적인 책임성을 가지고 있으며, 국가의 일반적인 정책 틀 내에서 실제로 서비스 제공과 서비스 수행에 대한 책임성은 자유복지협회의 기관들이 가지고 있고, 자유복지협회가 시민들에게 필요한 서비스를 적절히 제공하는데 사용되는 비용에 대한 책임은 국가가 부담하고 있다. 실질적으로 1994년 현재 비영리 사회복지부문의 재정의 약 83%가 정부로부터 지원되고 있다(Salamon and Anheier, 1994:69). 그러나 중요한 점은 이렇듯 국가의 재정부담률이 높다고 하여도 서비스제공 과정에서 협회와 협회에 속한 민간비영리 사회복지기관들이 갖는 자율성은 상당히 보장되어 있고 정부의 규제가 매우 약하다는 것이다. 바로 이러한 점이 독일이 일본과 다른 면이다.

또한 독일에서 공공 당국은 사회정책에 관련되는 문제에 있어서는 자유복지협회(Free Welfare Association)와 상의할 것이 법률로 요구되고 있고, 이러한 요구조건을 수행하기 위한 정교한 자문기구가 설립되어 있다. 게다가 정부가 사회복지부분에서 공공 조직을 만들기 위해서는 반드시 자유복지협회의 인정을 받아야 한다(Salamon and Anheier, 1996:18).

이와 같은 과정을 통해 독일은 미국과 마찬가지로 비영리조직들을 사회복지서비스 공급자로 활용하여 왔지만, 미국과는 달리 비영리조직이 영리조직과의 경쟁을 통하여 정부로부터 보조금을 지원 받는 것이 아니라, 보족성의 원칙에 근거한 법적 조항들에 의해 비영리조직이 영리조직이나 공공 조직과의 경쟁으로부터 보호받고 있다.

2.3 정부와 비영리부문의 관계 유형

2.3.1. 정부와 비영리부문의 관계 유형론의 검토

정부와 민간비영리조직의 관계는 비영리조직의 구조와 고유한 특성, 사회적 위상, 그리고 비영리조직을 둘러싼 제도적 환경에 따라 국가마다 상이한 형태로 나타나고 있다. 정부와 민간비영리조직 간의 다양한 형태를 유형화하는 논의들은 비영리조직이 활성화된 역사가 짧은 만큼 그리 많은 편이 아니다.

살라먼과 안하어(Salamon & Anheier)는 비영리부문의 체제유형(model of third sector regime)을 국가의 복지비 지출의 정도, 비영리부문의 규모라는 두 개의 변수를 중심으로 이 둘을 교차시켜, <그림 2-1>과 같이 국가와 비영리부문이 맺은 관계가 서로 다른 4가지로 형태로 제시하고 있다. 국가와 비영리부문간의 관계의 중심은, 어느 한 부문이 크게 성장함으로써 다른 한 부문의 성장을 제약하는 영합관계(zero-sum)이거나 정부와 비영리부문이 서로를 보완함으로써 그 역할이 상충되지 않는 관계인 협조관계(partnership)에 있다 (Salamon & Anheier, 1996). 이 이론은 국가와 비영리부문간의 관계를 너무 단선적으로 협조관계 여부에만 국한하고 있어서 보다 심도 깊은 논의를 하는 데에 한계로 작용하지만, 비영리부문의 체제유형을 국가 간의 관계를 통해 범주화 하였다는 점에서 의의가 있다.

<그림 2-1> 비영리부문 체제유형론과 정부와
비영리부문 관계 유형

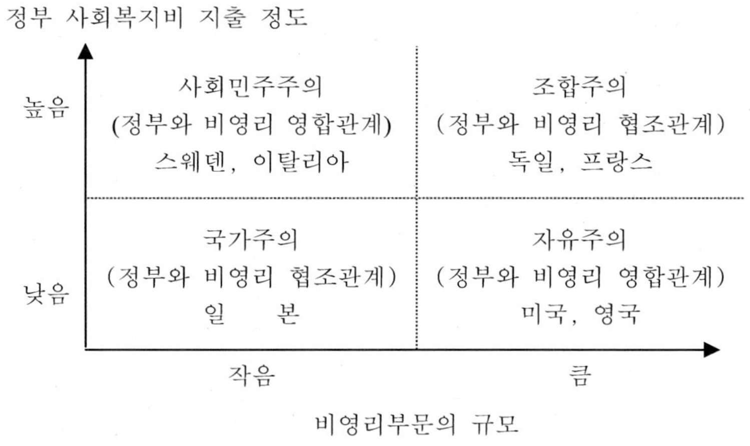

정부 사회복지비 지출 정도

	작음	큼
높음	사회민주주의 (정부와 비영리 영합관계) 스웨덴, 이탈리아	조합주의 (정부와 비영리 협조관계) 독일, 프랑스
낮음	국가주의 (정부와 비영리 협조관계) 일 본	자유주의 (정부와 비영리 영합관계) 미국, 영국

비영리부문의 규모

출처: Lester Salamon and Helmut Anheier (1996), "Social Origins of Civil Society: Explaining the Nonprofit Sector Cross-Nationally", the Johns Hopkins University, Institute for Policy Studies, Working Paper, p20에서 재구성.

위의 그림에서 보는 바와 같이, 국가부문과 비영리부분이 서로 상충되는 관계에 있다는 모형이 자유주의 모형과 사민주의 모형이다. 자유주의 모형은 정부의 복지지출이 낮은 대신 비영리부문의 규모는 크다. 국가부문의 비대화에 대한 반감이 반대로 민간비영리부문에 대한 선호도를 증가시켜 자유주의 모형을 형성한다. 이 모형의 극단의 위치에 있는 형태가 사회민주주의 모형이다.

사회민주주의 모형은 정부가 사회복지서비스를 매우 광범위하게 제공하고 있어서 복지비지출은 높은 반면에 민간비영리부문의 역할은 극도로 제한되어 있다. 즉, 국가가 공급하는 복지급여의 범위가 충분히 확대되어 있어서 비영리조직이 복지를 제공할 여지는 제한된다. 이 모형은 노동계층이 효과적으로 정치 세력화한 나라에서나 가능한 모형이다.

자유주의 모형과 사민주의 모형은 국가의 사회복지 지출이 비영리부문과 서로 상충한다는 가설에 기초하고 있으며, 사회복지 서비스는 정부나 민간비영리부문 어느 한쪽에 의해서만 제공된다.

나머지 두 개의 모형, 즉 조합주의 모형과 국가주의 모형은 사회복지급여에 있어서 국가부문과 비영리부문이 서로 상충하지 않고, 협조적인 동반관계에 있다는 인식에 기초한다. 조합주의 모형은 사회복지에 대한 급진적인 요구를 막기 위하여, 국가가 의도적으로 전근대적인 이익집단으로서의 비영리부문, 예컨대 주요 교회나 토지 귀족들과 연대하는 경우이다. 자유주의 모형에서는 정부의 사회복지지출이 높아지면 비영리부문의 복지지출도 높아지는 선형관계(linear)가 예측되는데 반하여, 조합주의 모형에서는 정부의 복지지출이 증대함에 따라 비영리부문도 증대하는 곡선관계(curvilinear)가 예측된다.

마지막으로 국가주의 모형은 국가가 사회정책 전반에 관하여 강한 영향력을 행사하지만, 사회민주주의 모형에서처럼 조직화된 노동계층의 대변자로서가 아니라, 국가 자신의 편의를 위해서 혹은 기업이나 경제 엘리트의 대변자로서 영향력을 행사한다. 국가주의 모형에서는 정부의 사회복지제공과 비영리부문의 활동 모두 크게 제한되어 있으며, 국가의 낮은 복지지출과 복지급여의 제한이 비영리부문의 활동으로 보상되지도 않는다.

이러한 관계유형의 특징과 개념에 따라 살라먼과 안하이어 (Salamon & Anheier)가 선진 8개국을 비교하여 보았더니, 국가주의 모형적 특성이 강한 나라가 일본이었고, 영국과 미국은 자유주의 모형으로, 독일과 프랑스가 조합주의 모형으로, 스웨덴과 이탈리아가 사회민주주의 모형으로 분류되었다(Salamon & Anheier, 1996).

살라먼과 안하이어(Salamon & Anheier)가 비영리부문의 체제유형을 국가의 복지지출 정도와 비영리부문의 규모와 관련하여 국가단위로 유형화한 것과는 달리, 기드론 등(Benjamin Gidron et al)의 연구는 정부와 민간비영리조직 사이의 관계를 사회복지서비스 공급체계(provision)와 서비스 재원부담(finance)이라는 두 가지 차원에서 즉, 서비스를 주로 누가 제공하고 소요되는 재원을 주로 누가 부담하는 가에 대한 분석을 통해 <표 2-1>과 같이 4가지 모델로 유형화하였다(Benjamin Gidron, Ralph M. Kramer and Lester M. Salamon, 1992:18-20).

정부주도형(government-dominant model)은 서비스의 공급과 재정부담 양면에서 정부가 주된 역할을 담당하는 모델로 이론적으로는 '복지국가(welfare state)형'이라고 볼 수 있다. 그러나 일반적으로 '복지국가'로 분류되는 독일의 경우를 고려하면 복지국가형과 정부주도형을 완전히 동일시 하기는 어렵다. 왜냐하면 독일은 재정부담의 측면에서 국가가 주된 책임을 맡고 있으나, 서비스의 공급측면에서 비영리부문이 주로 사회복지서비스를 제공하는 역할을 맡고 있기 있어서 뒤에서 설명하는 상호협조형에 훨씬 까깝기 때문이다.

민간비영리주도형(third-sector[11] dominant model)은 정부주도형과 달리 서비스 공급과 재정부담 모두에서 비영리부문이 정부보다 두드러진 역할한다. 이 유형은 공공서비스를 공급하는 데 있어 정부를 신임하지 않고 비판적인 태도를 취하는 분위기가 팽배한 국가에서 나타난다. 따라서 '작은 정부'와 같은 신보수주의 이데올로기 혹은 지역주의와 같은 정치이념이 강조되거나 사회서비스에 대한 욕구가 그리 확대되지 않은 국가에서 찾아볼 수 있는 모델이다.

이중 혼합형(duel, parallel-track model)은 앞의 두 가지 유형에서처럼 재정부담 및 서비스공급을 정부나 비영리 어느 한 부문이 완전하게 담당하는 것이 아니라 재원과 공급 양면에서 정부와 비영리부문이 적절한 비중으로 역할을 공유하고 있는 유형이다. 이 유형은 다시 서비스의 종류와 전달 대상층에 따라 2가지 유형으로 세분화 된다. 민간비영리부문이 정부의 공공서비스와 동일한 종류의 서비스를 공급하지만, 그 대상층이 정부의 혜택을 받지 않은 계층에게 중점을 두고 있는, 즉 민간비영리부문의 역할이 '보충적인(supplementary)' 형태와 정부의 재원부족 혹은 정책부재로

---

[11] 제3섹터란 민간 비영리 부문을 일컫는 또 다른 이름의 하나로 제1섹터인 정부부문도, 제2섹터인 시장부문도 아닌, 이 둘의 특징을 다 가진 것을 가리켜서 명명된 것이다. 즉 시장의 경쟁성과 정부의 공익성의 혼재하는 특성을 나타내는 말이다. 오늘날 이런 특성을 가지는 부분을 가리키는 말로 비영리부문, 제3부문, 독립부문, 자원부문 등 여러 가지가 사용되고 있다. 이들 용어들은 강조하는 특성적인 성격의 차이에 따라 다르게 이름 붙여진 것이다.

추진되고 있지 않은 영역에서 민간비영리부문이 독자적으로 공공서
비스를 공급하거나 재원을 자체 부담하여, 정부가 제공하지 못하는
서비스나 정부가 충족시키지 못하는 서비스를 제공하는, 즉 민간비
영리부문이 보완(complement)적인 역할을 하는 형태로 구분된다.

상호협조형(collaborative model)은 정부와 비영리부문이 서로 역
할을 공유한다는 측면에서 이중혼합형과 같지만, 역할을 담당하
는 영역이 분리된다. 즉, 정부는 재정을 부담하고 비영리부문은
서비스의 전달을 담당하는 상호분담 형식이다. 이 유형은 민간비
영리조직이 갖는 자율성의 차이에 따라 두가지로 구분된다. 비영
리조직이 재량권이나 협상능력을 가지지 못하여 단순히 정부가 제
공해야 하는 서비스를 대행하는 대행자유형(collaborative-vendor)과
비영리조직이 프로그램의 관리나 개발에 있어서 상당한 정도의
재량권을 갖고 정부의 대등한 파트너로서 활동하는 동반자유형
(collaborative-partner)이다. (Benjamin Gidron, Ralph M. Kramer and
Lester M. Salamon, 1992:18-20).

<표 2-1> 기드론 등(Gidron et.al)의
정부-비영리부문 관계 유형

분석 지표	관계 유형 구분					
	정부 주도	이중혼합		상호협조		비영리부문 주도
		보충형	보완형	대행자	동반자	
재정부담	정부	정부, 비영리부문		정 부		비영리부문
공급주체	정부	정부, 비영리부문		비영리부문		비영리부문

출처: Gidron, Benjamin & Kramer, Ralph M. & Salamon, Lester M., eds. (1992),
Government and the Third Sector: Emerging Relationships in Welfare States, p.18.

쿤과 셀(Kuhnle & Selle, 1992)은 정부와 민간비영리부문 사이의 관계를 유형화하기 위하여 정부와 비영리부문간의 접촉(contact)의 용이성과 재정적 의존성을 기준으로 <그림 2-2>에서 보는 바와 같이 네 가지 유형으로 구분되었다. 특히 접촉의 용이성은 정부와 비영리부문의 접촉의 범위와 빈도, 의사소통과정을 통해 분석되었다. 쿤과 셀(Kuhnle & Selle)은 민간비영리부문과 정부와의 의사소통이나 접촉이 빈번할수록 민간비영리부문이 정부정책에 통합되어 있고, 의사소통이나 접촉이 멀수록 민간비영리부문이 정부로부터 독립되어 있다고 보았다. 또한 민간비영리부문이 정부의 재정과 규제에 영향을 많이 받을수록 의존적이고, 정부의 재정과 규제로부터 독립적일수록 자율성을 가지고 있는 형으로 구분하였다. 이들은 비영리부문의 정부에 대한 재정의존도가 높을수록 정부가 제시하는 기준과 조건에 맞추도록 요구하는 규제가 많으므로 재정과 규제를 같은 축에 두고 유형화를 시도하였다.

사회복지서비스를 제공하는 민간비영리조직이 운영자금과 대상집단에 사용하는 모든 재원을 정부에 의존하고 있는 유형이 통합의존형(integrated dependence)이다. 그리고 이에 대한 반대급부로 민간비영리조직은 자율성에 별로 집착하지 않는다. 따라서 민간비영리조직과 정부간의 의사소통은 긴밀하게 이루어지고, 정부가 제시하는 기준의 범위 내에서 민간의 서비스가 전달되고 정부의 규제도 강하다.

반면에 민간비영리조직이 정부와 긴밀한 의사소통을 이루고 있으며 정부 정책에 통합되어 있으나 민간의 자율성이 보장되는, 즉 재정적으로는 정부에 거의 의존하고 있지만 정부의 규제로부터는 민간비영리조직이 자율성을 가지고 있는 형태가 통합자율형(integrated autonomy)이다. 따라서 다원주의 이상을 가장 잘 실현하는 형태라고 볼 수 있다.

　재정적으로는 정부에 의존하지만 민간비영리조직이 정부정책에 대한 영향력을 받지 않는 자율성을 고수하는 형태가 독립의존형(separate dependence)이다. 그리고 민간비영리조직이 정부 정책에 통합되어 있지도 않고 정부재정이나 규제로부터도 자유로운 것이 독립자율형(separate autonomy)이다.

<그림 2-2> 쿤과 셀(Kuhnle & Selle)의
정부-비영리부문의 관계 유형

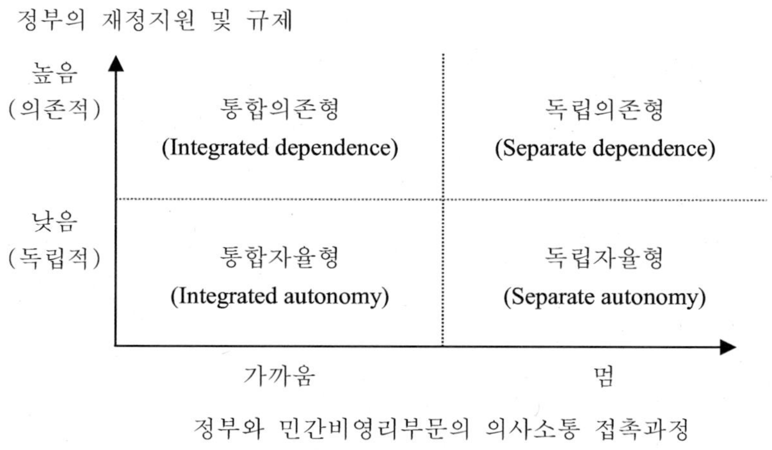

정부의 재정지원 및 규제

높음 (의존적)	통합의존형 (Integrated dependence)	독립의존형 (Separate dependence)
낮음 (독립적)	통합자율형 (Integrated autonomy)	독립자율형 (Separate autonomy)
	가까움	멈

정부와 민간비영리부문의 의사소통 접촉과정

출처: Gidron, Benjamin & Kramer, Ralph M. & Salamon, Lester M. (1992), *Government and* the *Third Sector: Emerging Relation-ships in Welfare States*, p.78에서 재구성.

　코스톤(Coston)은 정부와 민간부문 간의 관계유형을 다원주의 수용여부, 관계의 공식화정도, 권력관계 형태를 기준으로 8가지 유형으로 분류하였다. ① 다원주의 수용은 정부가 다원주의(institutional pluralism)를 제도적으로 수용하고 있는 것인지의 여부

를 의미하며, ② 공식화 정도는 비영리부문이 정부와 관계를 형성
하는데 있어서 비영리조직에 대한 법이나 제도, 관행 등이 마련되
어 있는가 하는 공식화의 정도(degree of formalization of the
relationship), ③ 권력관계 형태는 정부와 비영리부문 간의 상대적
권력관계(the relative balance of power in the relationship)가 대칭적인
가 아닌가를 의미한다. 이러한 기준을 통해 <표 2-2>와 같이 억압
형, 대항형, 경쟁형, 계약형, 제3자정부형, 협력형, 보완형, 공조형
을 분류하였다(Coston, 1998).

　정부가 다원주의를 수용하지 않기 때문에 정부와 비영리기관
사이의 상호작용이 이루어지지 않고, 비영리조직이 정부로부터
일방적으로 억압당하며, 법이 규정한 각종 지원을 정부가 일방적
으로 거부하는 형태가 억압형(repression)이다. 따라서 정부와 비영
리부문 사이의 권력 관계는 정부가 일방적으로 주도권을 갖는 비
대칭적 관계이다. 정부와 민간비영리조직 간의 관계정도는 비공
식적으로 이루어지지만 특정한 규제와 지침에 따라 이루어진다.
그러므로 공식성과 비공식성이 모두 존재하는 유형이다.

<표 2-2> 코스톤(Coston)의 정부와
비영리부문 관계 유형분류

분석 기준	유					형		
	억압형	대항형	경쟁형	계약형	제3자 정부형	협력형	보충형	공조형
다원주의	다원주의 거부				다원주의 수용			
관계의 공 식화 정도	공식적 또는 비공식적	비공식적　　　　공식적				비공식적　공식적		
권력관계	비대칭적(Assymetrical) 권력관계					대칭적(Symetrical) 권련관계		

출처: Coston, Jennifer M. (1998), "A Model and Typology of Government-NGO
Relationships", *Nonprofit and Voluntary Sector Quarterly*, Vol.27, No.3에서 재
구성.

억압형과 마찬가지로 정부가 다원주의를 거부하기 때문에 정부
와 비영리기관 사이의 상호작용이 이루어지지 않고, 정부의 일방
적인 규제와 지침만이 있는 유형이 대항형(rivalry)이다. 따라서 정
부와 비영리부문간의 권력 관계는 주로 정부가 주도권을 행사하
는 비대칭적 권력 관계를 형성하고 있다. 그러나 이 유형은 억압
형보다는 덜 극단적이어서 정부가 상황에 따라 비영리조직에게
법률이 규정하는 지원을 제공하는 경우도 있다. 대항형에서 정부
는 비영리조직에 대하여 단순한 규제를 가하는 제제뿐 아니라 비
영리조직의 효율적인 운영을 저해할 수 있는 조직운영과정에 개
입하는 정책들에 이르기까지 다양한 장치들을 공식화한다.

　정부와 비영리부문이 정치적, 경제적으로 경쟁하는 관계에 있
는 형태가 경쟁형(competition)이다. 정치적인 측면에서 비영리부

문이 정부 정책을 비판하고, 이를 통하여 정치권력을 견제하기도 하며 정부와 경쟁한다. 경제적 측면에서는 대체적으로 정부와 민간비영리조직이 외국의 지원금을 두고 경합하는 경쟁 관계이다.

실용적 다원주의를 반영하는 것으로, 정부가 주도적인 역할을 하지만 정부가 담당해야 하는 활동이 민간비영리기관에 위임되는 유형이 계약(contract)형이다. 따라서 비영리조직은 정부가 책임을 지고 있는 복지 대상자들에게 사회서비스를 전달하는 역할을 맡고 있으며, 정부와의 관계도 '계약'이라는 형태로 공식화되어 있다. 비영리조직의 입장에서 보면 이 유형은 긍정적인 면과 부정적인 면을 동시에 갖고 있는 것으로 평가되고 있다. 즉, 비영리조직이 정부의 활동을 위임 받음으로써 정부로부터 제공되는 각종 지원이 재정 및 인력의 안정화에 기여하고, 비영리조직의 전문성을 강화시켜준다는 점에서 긍정적인 측면을 갖고 있다. 그러나 정부와의 계약에 주로 의존하고 있기 때문에 계약이 지속되지 않는 경우에 민간비영리조직이 상당히 곤란을 겪을 수도 있다는 것과 정부가 정책 결정자와 규제자, 평가자의 역할을 담당하기 때문에 정부의 비영리조직에 대한 영향력이 커질 수도 있다는 부정적인 측면이 공존한다.

정부가 다원주의를 수용하고, 계약유형과 여러 모로 유사하지만 상대적으로 민간비영리조직이 자율성을 가지고 있는 장점을 가진 형태가 제3자정부(third-party government)형이다. 정부는 자원을 공급하고 정책을 결정하고, 민간비영리기관은 재화와 서비스의 생산을 조직화한다는 점에서 계약형과 유사한 면이 있다. 그러나 공공기금의 사용과 정책 결정 및 법 집행 과정에서 민간비영리조직이 상당한 수준의 자율권을 유지하고 있다는 측면(Salamon, 1987:99-127)에서 계약유형과 다르다. 따라서 이 유형에서 사용되는 정책도구는 계약뿐 아니라 대부, 대출보증, 보험 등으로 다양화되어 있고, 이 방식들 모두가 정부 정책으로 공식화되어 있다.

정부와 민간비영리조직의 협력을 강조한 유형이 협력형(coope-ration)이다. 특히 정보공유(information sharing), 자원공유(resource sharing), 공동행동(joint action)의 세가지 차원에서 정부와 민간비영리조직 간의 협력이 두드러지는 유형이다(Honadle & Copper, 1989:1531-1541). 따라서 정부와 민간비영리조직간에는 서로의 활동내용을 긴밀히 공유하는 자유로운 흐름이 있고, 민간비영리조직들은 정부정책과 규율을 준수하며, 정부정책은 민간비영리기관 대하여 중립적인 입장을 취하는 조건에서 성립된다. 이 관계는 정부와 민간비영리기관 간에 어떤 종류의 공식적인 제한이나 규제도 없기 때문에 양측에 무한한 자유가 있다. 그렇지만 이는 모든 부분에서 총체적이고 집합적으로 이루어지는 협력관계가 아니라 구체적이고 부분적인 분야에서 가능한 협력관계를 말하는 것이다.

보완형(complementarity)은 상호이익(mutual advantage), 상호이용(mutual exploitation)의 차원에서 공존 혹은 공생의 의미로 사용된다(Gronbjerg, 1987). 정부는 정책결정과 자원 동원력을 갖고, 민간비영리조직은 서비스 공급에서 우위를 점하고 있다. 따라서 양측은 재정적으로 연관된 기술적 관계를 맺는다. 또한 정부가 취하는 위로부터의 행동을 민간비영리조직이 아래로부터 보충해주는 역할 관계를 맺고 있다. 다시 말하면 정부가 할 수 없는 행동, 정부 행정력이 미치지 않는 지역에 대해 민간비영리기관이 정부 역할의 부재나 부족을 보충해 주는 관계이다. 그러므로 정부와 민간비영리조직의 관계는 상호이해를 증진시키는 승승(win-win)의 관계이다.

가장 공식화된 유형으로 정부와 민간비영리조직 간의 권력 관

계가 대칭적이면서 가장 공식화된 형태가 공조형(collaboration)이
다. 여기서는 정보공유, 자원공유, 공동행동 등 모든 측면에서 매
우 공식화된 규율에 근거하여 양자의 관계가 설정된다. 그러므로
가장 확고한 파트너쉽 관계라고 할 수 있다. 정부와 민간비영리조
직은 공동생산의 관계이고, 이 공동 생산에서 민간비영리조직은
자율권을 침해 받지 않으며 자신의 규범 체제를 유지하고, 독자적
인 목표를 지향한다. 따라서 이 유형에서는 민간비영리조직들이
정부와 공조하는 주요 정책의 기획, 결정에 동등한 파트너로 참여
하는 것이 기본이다. 이 유형이 보완형과 다른 점은 대단히 공식
적인 관계라는 것이다.

2.3.2. 정부와 비영리부문의 관계 유형론의 한계

존스 홉킨스 대학이 서구와 동구, 그리고 남미를 포함한 22개국
의 비영리조직에 대한 비교 연구에서 밝혀낸 흥미로운 사실 중의
하나가 서구 선진국 대부분의 경우, 사회복지서비스를 공급하는
데 있어서 국가와 비영리부문이 긴밀한 관계를 유지하고 있다는
것이다(Salamon, Anheier and Associates, 1989:9). 이런 특징은 각 국
의 사회복지서비스 부문에서 활동하고 있는 비영리조직들의 재원
구조를 살펴보면 더욱 확연하게 드러난다. 예를 들어, 사회복지부
문에서 활동하고 있는 비영리조직의 재정구조를 살펴보면 정부지
원이 차지하는 비율이 일본의 경우 65%, 미국 51%, 독일 85%, 프
랑스와 이태리의 경우 60%에 이르는 것으로 나타났다. 그러나 이
들 나라에서 정부의 재정지원이 차지하는 비중이 높다고 하여도
정부와 민간비영리부문이 맺고 있는 협력관계는 국가마다 다양한
형태를 띠고 있다.

앞 절에서 살펴본 정부와 비영리부문 간의 관계를 유형화한 논의들은 이러한 국가마다의 다양한 형태를 설명하는데 나름대로의 기여를 하고 있다고 볼 수 있다. 그러나 이 논의들은 비영리부문 전체 즉, 교육과 문화, 의료, 복지 등의 각 분야에서 활동하고 있는 모든 비영리조직들을 대상으로 관계유형을 설명하는 이론이어서 사회복지서비스부문에서 활동하고 있는 정부와 비영리조직 간의 특별한 협력관계를 설명하기에는 다음과 같은 점에서 어느 정도의 한계가 있다고 할 수 있다.

살라먼과 안하이어(Salamon & Anheier, 1996)의 이론은 두가지 기준을 가지고 정부와 비영리부문의 관계를 유형화하고 있다. 비영리부문의 규모와 정부의 사회복지비 지출 이 두가지 기준을 가지고 비영리부문 체제유형화를 국가주의, 자유주의, 사회민주주의, 조합주의 4가지 형태로 시도하고 이에 따른 정부와 비영리부문의 관계 형태를 설명하고 있다. 그러나 이 이론은 정부와 비영리부문의 관계를 분석하는 데에 지나친 단순성을 보여주고 있다.

즉, 정부와 비영리부문 간의 관계가 서로 상충하느냐 여부를 가지고 단순하게 영합관계(zero-sum)아니면 협조관계(partnership) 규정하고 있는데, 협조관계라고 하더라도 기드론 등의 이론처럼 대행자형과 동반자형의 관계라거나 코스톤이 설명하는 것처럼 보완형이나 공조형처럼 협력관계 내에서 나타나는 다양성을 설명하지 못하고 있다. 예를 들어, 현실세계에 적용하여 설명할 때 국가주의 비영리체제 모형에 속하는 일본의 경우와 조합주의 비영리체제 모형에 속하는 독일의 경우에 두 국가 모두 비영리부문과 정부와의 관계를 협력적 관계로만 보고 있을 뿐, 이 두 나라간에 분명하게 나타나고 있는 협력방식의 차이성을 설명하지 못한다. 일본과 독일 양 국가 모두에서 정부와 비영리부문이 사회복지서비스를 공급하는데 있어서 서로 협력하고 있음은 분명한 사실이다. 그러나 일본의 경우, 사회복지서비스 공급을 위해 정부가 비영리조직을 이용하지만 서비스 제공의 궁극적인 책임은 국가에 두고 있으며, 정부의 비영리조직에 대한 규제가 매우 강하게 나타난다. 반면에 조합주의 국가인 독일은 정부가 사회복지서비스의 제공을 위해 비영리조직을 활용하지만, 서비스 제공에 대한 책임성을 민간비영리조직이 가지고 있으며, 비영리부분의 정부에 대한 자율성은 상당히 보장되어 있다(앞 절 2.2참조).

또한 자유체제 유형의 대표적인 형태로 분류한 미국의 경우도 사회복지서비스를 공급하는데 있어서 정부와 비영리부문의 현실을 반영하는데 실패하였다. 미국은 비영리부문의 규모가 크기 때문에 정부의 사회복지비 지출이 낮다고 보고, 정부와 비영리부문이 영합관계에 속하는 자유주의체제로 분류되었지만, 실질적으로 비영리부문의 확대는 정부의 지원에 의해서 이루어진 것이었다. 따라서 코스톤(Coston, 1998)이 주장하는 제3자 정부형이 사회복지서비스를 제공하는데 있어서 정부와 비영리부문간의 관계를 설명하는데 적절하다.

기드론 등(Gidron et.al, 1992)이 4가지로 유형으로 분류한 정부-비영리부문간의 관계는 국가별, 시대별로 상이한 관계유형을 제시하는 장점이 있다. 또한 재정부담의 주체와 공급의 책임성에 따라 민간비영리부문의 자율성 개념을 포함하여 정부와 비영리부문의 관계를 유형화하고 있어서 이 두 부문간의 협력관계 내에서의 상이성을 설명하는데도 기여하고 있다. 그러나 이 유형분류에 따르게 되면 살라먼과 안하이어(Salamon & Anheier)의 연구에서 서로 다른 유형의 대표적 형태로 구분되었던 독일과 미국이 모두 '협조적 동반자'유형으로 분류된다. 따라서 독일과 미국에서 정부와 비영리조직간의 협력관계의 차이성을 설명하는데는 한계가 있다.

쿤과 셀(Kuhnle & Selle, 1992)의 유형화에서 분류의 기준인 정부에 대한 재정의존도와 규제정도가 반드시 정(正)의 상관관계를 맺는 것은 아니다. 다시 말하면, 쿤과 셀(Kuhnle & Selle)은 정부에 대한 재정의존도가 높을수록 정부의 규제도 강하다고 판단하여 이를 동일한 분석의 축으로 설정하고 있다. 그러나 정부에 대한 재정의존이 반드시 정부의 규제를 강화시키는 것은 아니다. 선진 복지 4개국(미국, 이스라엘, 영국, 네덜란드)을 대상으로 사회복지 서비스를 공급하는데 있어서 민간비영리조직을 비교 연구한 크래머(Kramer)의 결과가 이를 뒷받침하고 있다. 영국과 이스라엘에서는 정부가 민간비영리조직의 운영 적자분만을 보조하는 최소한의 보조만을 하고 있고, 민간비영리조직에 대한 정부의 간섭도 마찬가지로 거의 없는 것으로 나타났다. 그러나 미국의 경우 '계약'이나 '제3자 지불'방식을 통하여 민간비영리조직에 대하여 정부가 재정을 지원하고, 엄격한 모니터링을 수행하지만 서비스 집행에 있어서는 정부의 개입이 최소한으로 이루어지고 있었다[12]. 또한

---

[12] 미국의 경우는 실제로 지급되는 보조금과 계약의 방식에 따라 모니터링에 차이가 있어 왔다. 민간기관이 실시하는 공적 보조금의 비율 중 다른 전제조건이 붙지 않는 일괄보조금(lump-sum grants)의 경우가 많은 경우 이는 민간의 상대적 자율권을 인정하는 것이다. 왜냐하면 다른 전제조건을 달지 않는 다는 것이 곧 보조금의 사용을 본질적으로 민간기관에 맡긴다는 것을 뜻하기 때문이다. 이는 다시 정부가 민간기관이 설정한 목적을 모두 승인한다는 것을 뜻하기 때문이다. 반대로 정부가 민간기관으로부터 어떤 특정의 서비스에 대하여 해당 서비스의 공급자와 계약을 통해 구입하는 서비스의 매입계약(purchase of service contract)의 경우에는 각 서비스의 구체적인 특성에 따라 정부의 간섭과 요구가 달라진다. 이는 실제로 계약의 형태에 따라 다양하게 결정되는 것이다. 전반적으로 서류 작업이 많아진다는 것을 제외하고

네덜란드의 경우도 정부가 사회복지서비스를 제공하는데 전적으로 민간비영리조직을 이용하고 있어서 정부의 재정지원이 높게 나타났지만 서비스의 수행에 대하여 비영리조직들의 자율적인 관리감독도 아주 강하였다(Kramer, 1981:1-13). 이러한 연구의 결과가 의미하는 것은 정부에 대한 높은 재정의존도가 반드시 정부의 규제나 모니터링의 강화를 의미하는 것은 아니라는 것이다.

코스톤(Coston, 1998)의 정부와 비영리부문간의 관계 유형분류는 다른 문헌들을 통하여 보이고 있는 정부와 비영리부문간의 관계를 다원주의와 공식화 여부, 권력관계 이 3가지의 기준을 중심으로 8가지로 유형화 한 것이다. 그러나 이 모형에서는 정부와 비영리부문의 관계가 공식적인 수준인 것인지 아닌지가 유형별로 혼재되어 있다. 즉, 다원주의에 대한 수용의 여부와 권력관계는 어느 정도 범주별로, 그리고 연속선상에서 분류할 수 있지만, 공식화는 범주별 혹은 연속선상에서 일관되게 분류되지 못하는 문제가 있는 것이다. 따라서 권력관계가 비대칭적이라고 해서 반드시 관계가 비공식적인 것은 아니며, 권력관계가 대칭적이라 해서 반드시 정부와 비영리부문이 공식적인 관계를 맺고 있는 것은 아니다. 또한 연속선상에 놓여있는 권력관계의 분석에서 어느 정도가 대칭적인지, 비대칭적인지를 구분할 수 있는 척도가 없어 권력관계의 대칭 정도에 대한 판단을 하기 어렵다. 이러한 문제는 공식화의 경우에도 마찬가지로 적용된다.

이를 종합하여 볼 때 코스톤의 유형 분류는 각 유형 간의 구별되는 특성을 명확히 제시하지 못하게 하는 한계를 가지고 있다. 따라서 이를 실제 국가 들에 적용할 때 혼란을 야기하게 된다. 예를들어 독일의 경우 정부와 비영리 사회복지부문의 관계가 협력

민간기관의 상대적 자율성이 인정되고 있다고 한다.

형에 속하는지 공조형에 속하는지를 판단하기가 쉽지 않다. 또한 제도적으로 다원주의를 수용하고 있고, 권력관계도 비교적 대칭적인 유형들에 속하는 협력형, 보충형, 공조형에서 왜 어떤 유형은 정부와 비영리부문이 공식적인 관계를 맺고 있는데(공조형), 다른 유형은 이 두 부분이 비공식적 관계를 맺고 있는지 (협력형, 보충형)등을 명확하게 설명하지 못한다는 것이다.

2.4. 사회복지서비스 공급을 위한 정부와 비영리부문의 협력관계의 연구 분석틀

지금까지의 각국의 경험과 유형화 논의를 통해 살펴보았듯이 사회복지서비스를 공급하는데 있어서 정부와 비영리부문이 맺고 있는 관계는 협력적이기는 하지만 그 협력의 방식이나 정도는 나라마다 다르다는 것을 알 수 있다. 즉, 비영리체제 유형이 국가주의에 속하는 일본에서부터 미국과 같은 자유주의 국가, 독일과 같은 조합주의 국가에 이르기까지 사회복지서비스를 공급에 있어 정부와 민간비영리부문 간의 협력관계가 공통적으로 나타나고 있지만, 협력의 방식에 있어서는 차이가 나타난다. 그러나 앞의 선행 연구에서 살펴본 관계 유형론의 분석 기준인 재정과 전달주체나 혹은 정부의 재정지원 및 규제의 정도, 의사소통과정과 접촉의 용이성, 양자의 권력관계 등과 같은 어느 한 기준 만으로 사회복지부문에서 정부와 민간비영리부문의 협력 관계가 국가별로 상이하게 나타나는 것을 설명하는 데에 한계가 있다. 또한 기존의 유형론들이 주로 사회복지부문을 포함한 모든 분야의 비영리조직을 다루고 있어서 사회복지서비스 부문만을 대상으로 나타나는 정부와 비영리부문의 협력모형을 설명하는 것에는 제한 점이 있다.

따라서 사회복지서비스를 공급하는데 있어서 정부와 비영리부문이 맺고 있는 협력 관계의 차이성을 설명하기 위하여 분석기준의 조합이 다르게 구성되어야 한다. 본 절에서는 이러한 목적을 위하여 고려되어야 하는 새로운 기준들을 모색하여 보았다.

첫째, 민간비영리부문의 서비스 공급체계는 정부와의 관계에 따라 상이하게 나타난다. 서비스 공급체계 중 우선 논의될 수 있는 것은 정부와의 관계하에 사회복지서비스를 공급하는 민간기관의 기능에 대한 구분이다. 사회복지 서비스를 제공하는 비영리기관의 기능은 정부의 공급기능을 대행하는 관계(정부공급대행), 정부 공급체계를 보완하는 관계(정부공급보완), 정부가 담당하는 공급체계가 거의 없이 서비스 공급의 일차적인 주체로 기능하는 것(비영리부문의 일차적 기능)으로 구분될 수 있다(Kramer, 1987:249).

이렇게 비영리기관이 담당하게 되는 기능에 따라 비영리부문이 제공하는 서비스의 주된 내용이 다르게 된다. 민간비영리부문의 서비스 공급기능이 정부의 공급체계를 대체하는 경우에는 민간비영리부문은 정부의 공적 책임이 요구되는 법정 서비스를 중점적으로 제공하고, 정부 공급체계를 보완하는 기능을 하는 경우에는 정부가 담당할 의사가 없거나 능력이 없는 서비스를 제공하게 된다. 그리고 후자의 경우 민간기관은 정부가 시도하지 못한 시범사업의 개발부문에 주력하게 된다. 정부의 사회복지서비스 공급체계가 거의 없는 상황에서 민간비영리부문이 일차적으로 서비스의 공급을 담당하는 경우에는 한 사회 내의 다양한 욕구를 만족시키기 위해 법정서비스부터 새로운 사회적 욕구를 충족시킬 수 있는 새로운 서비스의 개발 및 제공에 이르기까지 다양한 사회서비스를 제공한다.

둘째, 비영리부문의 재정체계가 정부와의 관계에 따라 다르게 나타난다(Kramer, 1987:246). 이미 사회복지서비스부문에서의 정부와 비영리부문이 협력관계를 맺고 있는 것에 관하여는 충분히 앞에서 검토 되었다. 따라서 본 연구의 틀 내에서는 어떠한 형식으로든 정부의 비영리부문에 대한 재정부담은 이루어지고 있음을 전제로 한다. 그러면 이러한 정부의 재정부담의 형태가 어떻게 다르고 그것이 어떠한 결과를 낳게 되는 가를 살펴보아야 한다. 그러나 이미 앞에서 논의한 바와 같이 정부규제의 정도가 정부의 재정부담의 정도가 높고 낮음에 따라 단선적으로 결정되는 것이 아니다. 즉, 정부의 재정부담이 높은 동일한 경우에서도 정부의 규제는 상이하게 나타날 수 있는데, 그 대표적인 예가 일본과 독일이다. 일본과 독일의 경우, 민간비영리부문이 사회복지서비스를 제공하는데 있어서 정부의 재정지원이 차지하는 비율이 각각 60%, 83%로 높게 나타나지만, 정부의 규제와 민간기관이 갖는 자율성은 상이하게 다르다. 즉, 일본의 비영리부문은 정부의 까다로운 감시와 규제하에 서비스를 제공하지만, 독일은 서비스제공에 있어서 정부의 규제와 감독이 거의 없고, 비영리기관의 자율성이 상당히 보장되어 있다. 조금 다른 예로는 미국을 들 수 있는데, 미국은 비영리기관의 재정체계에서 정부재정이 차지하는 비율은 35%에 그치고 있다(2.2절 참조). 정부의 규제와 감독은 정부가 민간비영리부문과 계약을 맺은 프로그램의 성격에 따라 다르다. 따라서 일률적인 정부의 관리 감독이 존재한다고 말하기는 어렵다.

이상의 논의를 통해 정부와 민간비영리부문의 관계를 분석할 때 고려되어야 하는 요소는 즉, 민간비영리부문과 정부와의 관계를 차별시키는 재정체계의 요소는 바로 정부의 재정지원 방식이며, 이러한 정부의 재정지원방식이 주요한 분석의 기준으로 설정되어야 할 것이다.

정부의 재정지원방식은 정부가 보조금을 지원하는데 있어서 어떠한 방식을 취하는가의 논의인데, 대표적으로 보조금의 형태가 포괄적 보조금(block grant)인지 아니면 범주적 보조금(categorical grant)인지에 따라 민간 기관의 자율성 달라지게 된다. 범주적 보조금은 보조금이 사용되어야 하는 구체적인 사업의 내용이 법적으로 규정되어 있고, 매우 까다로운 절차를 거쳐 지급되는 것이다. 이에 반해 포괄적 보조금은 보조금이 사용되어야 하는 사업의 범위는 규정되어 있지만 구체적인 사용의 내역에서는 비영리기관이 자율적 결정이 반영될 수 있는 여지가 있다. 따라서 범주적 보조금의 형태가 많을수록 사회복지서비스 공급에 대한 민간비영리기관의 자율성은 제한되고 정부와 비영리부문과의 관계에서 정부의 영향력이 커지게 되며, 포괄적 보조금의 형태가 많을수록 비영리기관의 서비스 공급에 대한 자율성은 커지고 정부규제는 약해져, 비영리부문이 주도적인 관계를 형성하게 된다.

셋째, 민간비영리부문이 정부와 맺고 있는 상호작용의 수준에 따라 민간비영리부문과 정부와의 관계가 달라 진다. 상호작용이란 정부와 비영리 간의 관계형성을 법이나 제도 등의 기제를 통해 공식적으로 맺고 있는지, 또한 어떠한 정도로 관계를 맺고 있는 지 등 모두를 의미한다.

에스만과 유포프(Esman and Uphoff, 1984; Coston, 1998 재인용)는 정부와 민간비영리부문과의 상호작용수준을 다섯 가지로 분류하였다. Level 1은 비영리기관의 자원에 대하여 정부의 통제력이 전혀 없고 상호작용도 전혀 없는 수준, Level 2는 상호작용이 거의 없고 연계의 수준도 낮은 형태, Level 3은 정기적으로 상호작용이 이루어지지는 않지만 일부 부문에서만 어느 정도의 연계가 일어나는 수준, Level 4는 상호작용이 활발히 이루어지지만 상호 협력적으로, 즉 민간비영리기관이 자원의 일부 흐름에 대한 통제를 행사할 수 있는 수준, Level 5는 상호작용이 활발히 이루어지나 정부의 통제가 매우 강한 형태 등이었다.

이와 같은 상호작용의 수준을 사회복지서비스 부문에서의 정부와 민간비영리부문의 협력관계에 적용하면, 정부와 민간비영리부문의 상호작용이 아예 존재하지 않거나 거의 이루어지지 않는 Level 1, Level 2을 제외한 나머지 세 가지의 수준에 따라 정부와 민간비영리부문의 협조 관계가 다르게 형성된다. 상호작용과 정부의 통제가 많은 연계수준(Level 5)에는 정부 지배적인 관계가 형성되기 쉽고, 높은 상호작용이 일어나지만 상호 이익적인 수준의 연계가 형성되는 체계(Level 4)에서는 민간비영리부문 주도적인 협력관계가 형성된다. 또한 정기적이지는 않으나 일부 프로그램이나 조직운영에 관련하여 상호작용이 이루어지는 것(Level 3)에서는 정부와 비영리부문이 동반자적 입장을 취할 수 있게 된다.

마지막으로, 비영리조직의 지배구조(governance)에 따라 자율성에 차이를 가져 오고, 이 자율성에 따라서 협력관계가 상이하게 나타난다. 조직의 지배구조는 일반적으로 내부지배구조와 외부지배구조의 두 가지 체계로 구체화된다. 전자는 조직의 내부로부터 작동되는 감시 체계이고, 후자는 조직의 외부로부터 작동되는 감시 체계이다[13]. 비영리조직에서 내부로부터 작동되는 감시 체계의 대표적인 요소가 이사회이다. 이사회는 사회복지서비스를 공급하는데 있어서 조직의 목표나 서비스의 패턴을 결정하는 의사결정과정에 영향력을 미친다(James, 1983; Kramer, 1987: 246). 그리고

---

[13] 일반적으로 조직의 지배구조에 대한 이론은 기업조직과 관련하여 많이 발달되어 있다. 여기서 사용하는 지배구조의 개념은 일반적으로 기업의 지배구조 개념화에 사용하는 것을 비영리조직에 적용하여 사용한다.

사회복지서비스 공급을 위한 비영리부문의 외부지배구조를 대표
하는 것이 정부이다. 따라서 비영리조직이 사회복지서비스를 공
급하는데 정부가 미치는 영향력의 기제가 외부지배구조가 된다.
이사회와 정부의 지배구조는 비영리조직이 준 공공재인 사회복지
서비스의 공급을 담당하고 있는 책임성과 연관된다.

　일반적으로 책임성(accountability)은 "한 조직이 자신들이 수행
하는 사업에 대한 정당한 분석과 설명을 제시할 수 있는 능력"을
말하고, 프로그램의 수행을 맡은 사람(program manager)에게 책임성
이란 "주어진 돈으로 무엇이 성취되었는가를 객관적으로 증명함으로
써 사업을 정당화할 수 있는 능력"을 말한다(York, 1982:3). 따라서 책
임성은 사회복지서비스 제공과정에서의 의사결정 및 서비스에 대한
평가를 모두 고려하여 논의되어야 한다.

　결국 사회복지서비스의 공급에 관한 의사결정과 서비스 공급을
평가하는데 있어 이사회와 정부가 직접적으로 혹은 얼마나 밀접
하게 책임성의 기제를 발전시키는 지에 따라 정부와 비영리조직
의 협력관계가 상이하게 나타난다. 즉, 정부가 이사회보다 사회복
지서비스 공급의 책임성을 더 직접적으로 가지고 있는 형태(정부
형), 정부와 이사회가 사회복지서비스 공급에 대한 책임성을 공유
하는 형태(공유형), 이사회가 정부보다 사회복지서비스 공급의 책임
성을 더 직접적으로 가지고 있는 형태(이사회형)로 나누어진다. 따라
서 정부형에서는 서비스의 제공과 평가에 있어서 비영리조직의 자율
성이 정부로부터 침해를 많이 받으며, 공유형에서는 비영리조직이
정부로부터 상대적인 자율성을 가지고 있고, 이사회형은 비영리조직
고유의 자율성이 커지는 것이다.

　이상의 논의들을 요약하면 사회복지서비스부문에서 정부와 비
영리부문의 협력 관계는 전형적으로 정부가 비영리부문에 대하여

지배적인 성격을 나타내는 정부지배유형, 정부와 비영리부문의 동반
자적 관계유형, 민간비영리주도유형으로 구분된다. 그리고 이상의 논
의를 바탕으로 각 유형들의 특성을 정리하면 아래 <표 2-3>과 같다.

<표 2-3> 정부와 비영리부문의 협조관계 분석기준과 유형

유 형 / 기 준	정부지배형	정부·비영리 동반자형	비영리주도형
비영리부문의 서비스 공급기능	정부공급대행	정부공급보완	비영리부문 일차적 공급
비영리부문의 서비스 내용	법정서비스 제공	정부가 담당하지 못하는 서비스 제공	법정서비스 + 정부가 담당하지 못하는 서비스 제공
정부의 재정지원	높음	중간	높음
정부 지원금형태	범주별 보조금 (categorical grant) ◀—————————————————▶		포괄적 보조금 (block grant)
정부와 비영리의 상호작용수준[주1]	상호작용이 긴밀하며, 정부통제도 강함(Level 5)	정기적이지는 않지만 사례에 따라 일정 정도 상호작용(Level 3)	상호작용이 긴밀하며, 민간의 자율성 보장(Level 4)
사회복지서비스 공급에 대한 지배구조(governance)	(이사회)책임성 < 정부책임성 (정부형)	(이사회)책임성 = 정부책임성 (공유형)	(이사회)책임성 > 정부책임성 (이사회형)
비영리체제유형[주2]	국가주의 (일 본)	자유주의 (미 국)	조합주의 (독 일)

[주1] 에스만과 유포프(Esman and Uphoff, 1984)의 다섯 가지 기준 중에서 비영리부
문과 정부와의 상호작용이 존재하는 세 가지 기준을 논의하기로 한다.

[주2] 살라먼과 안하이어(Salamon and Anheier, 1996)의 비영리체제 국가유형으로, 사
회민주주의 형은 국가가 전적으로 사회복지서비스를 제공하고 비영리부문이
담당하는 역할이 매우 제한되어 있어 비영리부문이 정부와 맺고 있는 관계를
설정하는데 한계가 있으므로 논의에서 제외하였다.

정부지배유형에서, 비영리부문은 정부의 공급을 대체하는 기능을 수행하며, 정부를 대행하여 법정 서비스를 제공한다. 따라서 비영리 사회복지기관이 공급하는 사회복지서비스의 종류와 내용, 대상층은 정부의 지침이나 법률로 제한되는 경향이 강하다. 또한 국가로부터 서비스 제공에 대한 비용을 지급 받기 때문에 민간비영리 사회복지부문이 정부에 재정적으로 높이 의존하고 있다. 정부가 지원하는 지원금도 법률이나 행정지침에 의해 사용목적과 용도를 세부적으로 규정하고 있는 범주별 보조금의 형태가 주를 이룬다. 그러므로 비영리부문이 제공하는 서비스에 관한 의사결정 및 평가의 과정에서 정부와 민간비영리부문의 상호작용이 긴밀히 일어나지만, 정부의 규제와 관리감독의 수준이 강하며 사회복지서비스 공급에 대한 일차적인 책임성을 정부가 담당하고 있다. 따라서 평가에 대한 책임도 궁극적으로 정부에게 있어서 서비스에 대한 책임성을 평가하는 공식적이고, 법적인 규제 메커니즘이 발달하고, 정부의 영향력이 강하다. 민간비영리기관의 이사회는 서비스의 내용이나 종류, 수급 대상자의 선정 등에 별다른 영향력을 미치지 못하고, 유명무실한 기구가 되기 쉽다.

결국 이 유형은 민간비영리부문이 갖는 서비스 공급기능의 실험성이나 선도성이 매우 약하고, 민간비영리부문의 자율성이 거의 정부에 의하여 제한되고 있는 형태이다. 이 유형은 일본과 같이 비영리체제유형(nonprofit regime)이 국가주의 형태인 곳에서 주로 나타나고 있다.

정부·비영리동반자 유형에서는, 사회복지서비스 공급을 위하여 비영리기관이 다른 영리기관들이나 정부 기관들과 경쟁해야 하는 환경하에 있으며 민간비영리기관은 정부가 담당하는 서비스의 기능을 보완하게 된다. 따라서 민간비영리기관은 사회복지서비스

78

공급을 위한 민간기관의 기능에 보다 충실하게 되고, 정부가 제공하지 못하는 서비스 혹은 제공할 의사가 없는 서비스를 주로 제공하게 된다. 그리고 이러한 특성이 민간비영리기관으로 하여금 일반적으로 공공부문과는 구별되는 구체적이고 고유한 사회복지 프로그램들을 구현하여 제공하게 만든다. 재정체계 면에서, 민간의 재원체계가 국가보조에만 너무 의존하거나 민간재원에만 의존하는 구조가 아니라 재원구조의 다양성을 보이며, 정부와 민간의 동등한 재정부담이 이루어진다. 정부의 재정지원 형태는, 정부 지배협력유형보다 민간기관의 자율성이 보장된 포괄적 보조금의 비율이 상대적으로 많고, 한 프로그램에 대하여 정부와 민간기금이 공동으로 재정을 이루기도 한다. 그리고 정부와 민간비영리부문의 서비스 공급을 위한 연계와 상호작용은 구체적인 일부 분야에서 혹은 구체적인 프로그램 별로 상호 작용과 연계가 발생한다. 사회복지서비스에 대한 책임성도 이사회와 정부가 동등하게 작용한다. 즉 책임성을 수행하기 위한 내부적 및 외부적 기제가 동시에 작용한다. 따라서 서비스의 수행과 평가에 있어서도 이사회와 정부가 함께 참여하고, 책임을 지게 되며, 때로는 이러한 양자 간의 책임성 사이에서 갈등이 발생할 수도 있다.

결국 이 유형은 사회복지서비스 공급의 민간비영리의 고유한 기능을 살리면서도 정부에 대한 민간의 상대적 자율성이 인정되는 형태이다. 그리고 이러한 특성을 가장 두드러지게 나타내는 비영리체제유형(nonprofit regime)은 자유주의 국가이다.

비영리주도 유형은, 비영리기관이 일차적이고 우선적인 사회복지서비스 공급기관으로서의 역할을 담당하는 유형이다. 따라서 비영리기관에 상응하는 정부 조직은 거의 없으며, 정부가 관련법들에서 규정한 서비스를 비영리기관이 서비스의 내용, 종류, 종사자들을 독자적으로 결정하여 공급한다. 즉 한 국가내의 모든 서비스를 충족시킬 수 있는 서비스를 비영리기관이 공급한다. 따라서 법정서비스와 비영리기관의 시범사업들이 동시에 제공된다. 서비스 전달은 비영리기관이 일차적으로 담당하고 있고 여기에 필요한 비용은 대부분 정부가 지원한다. 정부의 보조금은 그 사용내역과 기능을 세세히 규정하기 어렵기에 포괄적 보조금 형태로 대부분 지원된다. 따라서 보조금에 대한 민간의 자율성이 크게 보장되어 있다. 또한 정부와 비영리부문과의 연계는 민간비영리부문의 자율성이 인정되고 있으면서 정부와 민간의 상호작용이 가장 긴밀히 일어나는 형태이다.

이 유형은 정부의 사회복지정책에 민간비영리부문이 제도적으로 통합되어 있음을 나타내며, 정부의 사회복지정책을 위한 기본적인 정책의 틀을 결정할 때도 민간비영리부문의 의사결정이 강하게 영향을 미친다. 그리고 민간비영리기관은 서비스의 수행과 서비스 공급의 책임성을 가지고 있다. 따라서 구체적인 서비스의 공급과 평가에 대한 궁극적인 책임성을 이사회가 가지고 있다.

결국 이 유형은 정부와 민간의 협조모형에서 민간의 자율성이 유지 혹은 강화되는 방향으로 협조 관계가 형성되는 형태이다. 이 유형은 비영리체제모형(nonprofit regime) 중 주로 독일과 같은 조합주의 형태에서 많이 나타낸다.

이상의 논의를 정리하여 정부와 비영리부문 간의 협조관계에서 민간의 자율성을 결정하는 기준들과 민간의 자율성의 정도의 결과로 나타나는 정부와 비영리 간의 협조유형화를 그림으로 나타내면 아래의 <그림 2-3>과 같다.

<그림 2-3> 비영리부문의 자율성에 영향을 미치는
분석기준과 협조유형

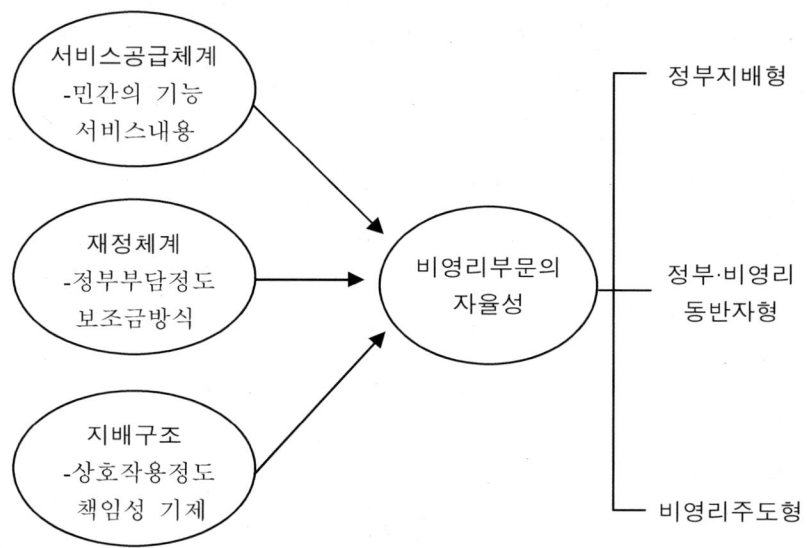

제3장 한국의 민간사회복지공급주체

본 장에서는 다음 장에서 수행될 한국의 민간사회복지공급주체들을 비교분석하기 위한 사전적 단계로 사회복지법인, 미신고시설, 시민사회단체들의 발생적 차이를 살펴보았다.

3.1. 사회복지법인과 사회복지시설

한국에서 현대적 의미의 사회복지사업은 1854년 프랑스 선교사 Maistre 신부에 의한 영해회(Siant-Fndance)사업에서 시작되었다고 볼 수 있다(박석돈, 1981:32). 그 후 1885년, 최초의 사회복지시설로 '천주교고아원(한국샬로트 성바오로회,1973: 566)이 성립된 이래 개인과 종교 단체 등 민간에 의한 사회복지시설사업이 이루어지기 시작하였고, 특히 해방과 한국전쟁시기 이후 수많은 피난민과 전쟁 고아들이 발생하면서 이들을 수용하는 시설들이 급증하게 되었다. 1948년 정부 수립당시 96개였던 육아시설이 1950년 한국전쟁에 이르러 116개소로 증가하였고, 수용 아동수는 8,908명, 기타 시설을 포함한 사회복지시설 수는 153개소, 수용인원은 10,046명이었다. 이렇게 민간시설들이 급격하게 증가하게 되자 정부는 무분별한 민간시설의 난립을 막고 민간시설로 하여금 적정한 보호, 양육사업을 수행할 수 있도록 후생시설의 설비 충실, 설비강화를 위하여 1950년 2월 7일에 후생시설설치기준을 제정하였다. 그러나 이 기준만으로 격증하는 전쟁고아 수용보호시설을 비롯하여 전쟁으로 인한 혼란속에 빠진 기존의 각종 사회복지시설을 합리적으로 운영하게 할 수 없었다. 따라서 1952년 4월 21일 사회부장관 명령하에 '사회사업을 목적으로 하는 법인 설립허가 신청에 관한 건'을 마련하여 복지시설을 운영할 경우 재단법인을 필하게 하였고, 이 재단법인은 기본재산과 운영재산을 두도록 하였다. 그리고 1952년 10월 4일에 사회부장관훈령으로 '후생시설 운영요강'을 시달하여 후생시설운영과 지도감독의 준칙으로 삼았다. 이 훈령에는 구호법(즉 조선구호령)에 의한 후생시설, 즉 구호 시설이 수용보호자의 복지를 위한 것임을 명시하고 후생보호시설을 아동보호시설(영아원, 육아원, 감화원 등)과 아동 및 성인의 특수보호시설(모자원, 정신치료교화원, 불구자수용원, 맹아원, 직업보도언), 노인보호시설(양노원)으로 분류하고, 국가, 특별시, 시, 도, 읍, 면 이외의 자가 이런시설을 설치하고자 하는 경우에 재단법인을 필한 후 특별시장 또는 도지사의 인가를 받는 것을 요건으로 하였다. 또한 후생시설장은 시, 읍, 면장이 발행하는 요구호자 수용보호 의뢰자를 수용하는 것을 원칙으로 하고 후생시설 수용 어린이를 일정한 절차에 의하여 원하는 사람에게 위탁하여 양육할 수 있도록 하였다. 그리고 이에 대한 시, 읍, 면장의 지도감독권을 규정하였다(이혜경, 1998:13). 또한 등록제였던 후생시설 설립을 허가제로 전환하여 민간시설에 대한 통제와 지도감독상의 실질적인 효과를 증진하도록 하였다. 이러한 전통들이 1970년 사회복지서비스의 일반법이라고 할 수 있는 사회복지사업법이 제정될 때 사회복지법인제도로 탄생하였다.

사회복지사업법에 의하면 사회복지법인은 사회복지사업을 수행하는 것을 목적으로 설립되는 특수법인을 말하는 것으로 국가나 지방자치단체로부터 설립의 허가를 받아야 한다(1997년 개정 이전의 사회복지사업법 제2조의 2). 또한 보건복지부에서 발행하였던 사회복지관련법인업무편람(1995)을 보면 사회복지법인의 정의를 '사회복지사업을 수행하는 것을 목적으로 사회복지사업에 의해서 설립되는 비영리 공익·특수법인으로 정의하고 있다 (1995:3). 즉, 사회복지시설은 사회복지사업을 행할 목적으로 설치된 시설을 말한다(1997년 개정 이전의 사회복지사업법 제2조의 제3항). 이 사회복지시설은 국가 또는 지방자치단체가 설치·운영할 수 있고 그 외에 시·도지사의 승인을 얻도록 하였다[14](1997년 개정 이전의 사회복지사업법 제22조 제1항).

결국 이 당시의 사회복지의 현실과 사회복지사업법에 따르면, 사회복지사업은 대부분 사회복지시설의 운영을 의미하고, 시설의 설치 운영은 국가 또는 지방자치단체의 고유한 사업으로 규정되었다. 그러나 현실적으로 대부분의 시설이 민간에 의해 이미 설립되어 운영되고 있었고, 또 국가의 힘만으로 충분한 설치가 어려워서, 다른 말로 하면 국가가 해야 하는 시설보호사업이 주로 민간 주도로 이미 이루어 지고 있음을 감안하여, 민간사회복지사업의 공정성과 적절성을 확보하기 위하여 사회복지법인을 설립하도록 하고, 사회복지법인에게 복지의 조치에 따른 위탁을 인정하여 사회복지사업을 국가 대신 수행하도록 하였다.

3.2. 미신고시설과 사회복지서비스

미신고사회복지시설은 1997년 사회복지사업법의 개정으로 사회복지시설의 설립운영이 신고제로 전환되기 전에는 미인가시설 혹은 무허가 시설이라는 용어로 통용되었다. 미신고 사회복지시

---

[14] 이때 승인받지 못한 시설을 미인가시설이라고 부른다.

설이란 시설생활자들에게 보호, 치료, 자립 등의 서비스를 제공할 목적으로 마련된 장소, 설비, 건조물로서 국가 또는 지방자치단체에 신고하지 않았기 때문에 제도권 밖에서 비공식적으로 사회복지사업을 수행하는 시설을 말한다(한국보건사회연구원, 2001:22)

미신고사회복지시설이 나타나게 된 배경은 우리나라의 복지환경의 특수성에 기인한다고 볼 수 있다.

앞절에서 살펴본 것처럼 한국전쟁 발생이후 민간 사회복지시설들이 난립하게 되면서 후생시설에 관한 여러가지 정부의 기준들이 마련되었고, 이러한 결과가 1970년대 사회복지사업법에서 사회복지시설인가기준으로 반영되게 되었다. 사회복지시설을 운영하려면 광역자치단체장(시 · 도지사)으로부터 사회복지법인 또는 비영리법인의 허가를 먼저 받아야 하고, 기초자치단체장(시장 · 군수 · 구청장)으로부터 시설을 설치 · 운영할 수 있는 허가를 받아야 한다. 그리고 사회복지시설을 설치 · 운영하려면 보건복지부령(시행규칙)이 정한 사회복지시설의 설치 기준을 갖추어야 한다. 이러한 시설의 설치 · 운영을 목적으로 하는 법인은 시설 종류별로 일정규모 이상의 시설을 설치할 수 있는 목적사업용 기본재산이 있어야 한다. 비록 시설의 경우가 아니고 사회복지사업을 지원하는 것을 목적으로 한 법인의 경우도 그 운영 경비의 전액을 충당할 수 있는 재산을 갖추어야 한다. (1997년 이전 사회복지사업법 시행규칙 제12조)

이러한 법률이 요구하는 조건을 갖추지 못하여 많은 미인가시설들이 발생하게 되었지만 실제로 제도권 밖에서 활동하고 있어서 시설 실태파악이 전혀 이루어지지 못하였다.

그러나 1990년대 들어 「소쩍새 마을」의 사건과 같이 시민의 동정심과 지원은 있었으나 설립자가 지원비의 유용 등으로 오히려 시설보호사업에 먹칠을 하는 경우가 언론에 공개되었고 지속

적으로 이와 같은 시설들의 비리가 공개되면서 사회복지시설보호
사업에 대한 비난이 거세어졌다. 이에 입소자를 적절히 보호할 수
없는 사회복지시설의 난립을 방지하고 정부의 지도 · 감독을 강
화해야 한다는 목소리가 높아졌고, 이들에 대한 정책 마련이 요구되
어 처음으로 1996년 한국보건사회연구원이 미인가사회복지시설의
실태조사를 하여 대책 마련에 고심하게 되었다.

이 조사에 따르면 1995년 8월말 현재 전국에 미인가시설이 293
개가 있고, 수용인원도 5,704명에 달하였다. 또한 <표3-1>에서 볼
수 있듯이 시설 수용인원의 규모도 시설 허가기준 30명에 미달하
는 소규모시설과 중·대형 규모의 시설로 구분하여 볼 때, 대부분
이 30인 미만의 소규모 시설이 83.4%인 245개소로 소규모시설로
운영되고 있었고, 시설의 운영주체는 개인이 자선사업차원에서 운영
하고 있는 곳이 152개소(전체의 51.9%)로 가장 많았고 그 다음이 종교
단체로서 133개소(45.4%)를 차지하고 있었다. 그리고 이들 주거시설
및 시설물은 가정집, 교회시설물, 불법건축물, 버려진 축사, 비닐하우
스 등으로 다양하게 나타났다. 이외에도 미인가시설들은 무분별한 시
설운영으로 인한 시설 안전성과 시설이 미비의 문제, 전문인력의 부
재, 프로그램의 부재, 재원조달의 어려움 등 여러가지 문제가 있는
것으로 드러났다(서울특별시사회복지협의회, 1996).

<표 3-1> 미인가 시설입소현황

(단위:개소)

구분	계	10인이하	11~20인	21~30인	31~40인	41~50인	51~100인	100인이상[15]
시설수	293	112	88	45	27	7	11	3
(%)	(100)	(38.2)	(30.0)	(15.4)	(9.2)	(2.4)	(3.8)	(1.0)

그리하여 문제가 있는 이런 미인가시설을 제도원내에서 양성화하고, 사회복지사업의 문호를 개방하고자 1997년 사회복지사업을 개정하여 사회복지시설의 설치를 신고제로 전환하게 되었다.

결국 한국 사회복지의 역사내에서 미신고사회복지시설은 사회복지법인의 신고 사회복지시설에 입소할 수 없는 대상자를 수용·보호하여 왔다.

3.3. 시민사회단체와 사회복지서비스

한국의 민간비영리부문은 역사적 발달 특성을 반영하여 볼 때 크게 서비스를 직접 전달하는 역할에 초점을 둔 기관과 사회개혁의 역할에 강조점을 둔 기관으로 분류가 가능하다. 전자에 속하는 부류가 사회복지법인이나 사회복지시설, 교육기관들이고 후자에 속하는 부류가 환경단체나 인권단체, 정부정책을 감시하는 단체들인 시민사회단체들이다.

시민사회단체의 전신은 한국의 군부권위주의 시기에 주로 정부

---

[15] 100인이상 수용하고 있는 시설은 3개소로서 경노수녀회(경기 수원, 100명), 소쩍새마을(강원 원주, 130명), 연꽃마을(경북예천, 130명)

의 통제에 저항하거나 정부의 정치형태 자체을 비판하고 저항한 반정부적인 민주화운동단체들에서 유래한다고 볼 수 있다. 직접 서비스를 제공하는 민간비영리조직들이 해방 이후 군부권위주의 정권 아래 국가주도로 경제발전이 추진되면서 국가의 비호아래 성장할 수 있었던 것과 반대로 시민사회단체들은 1980년대 말 이전까지 반정부단체로 불법시되어 정치적인 탄압을 받아왔다. 그러다가 1980년대 중반에 한국사회의 권위주의정권과 시민사회의 저항이라는 정치적 대립구도가 1987년 6월 항쟁으로 이어졌고 이후 한국사회는 정치적으로 변화를 맞이하여, 언로가 넓어지고 드러난 억압과 공포정치는 점차 줄어들게 되었다. 이러한 상황에서 열려진 합법적인 활동 공간을 적극적으로 활용하는 시민운동이 출현하였다. 이전에 비교해서 시민단체들과 자발적 결사대들을 포함하는 자율적 중간집단들이 활발하게 움직이게 된 것이다. 그러한 과정에서 경실련, 참여연대, 공선협 등 YMCA, YWCA 등 기독교단체들의 시민운동이 활발하게 전개된 것이다. 1990년대 접어들면서 노동운동, 학생운동, 전교조운동 등에 대한 지지도가 떨어지면서 경실련운동, 환경운동, 소비자운동, 여성운동 등에 대한 지지도가 확산되었다. 그러면서 이들은 1980년대 민주화 투쟁의 연장선상에서 조직된 정치 지향적 민중운동과 구분되는 새로운 사회운동 세력으로 등장하였고, 생활세계의 이슈를 크게 부각시켰다(정수복, 2000:34-35). 경제정의, 환경, 여성, 인권, 복지, 교통, 교육, 부정부패추방, 바른 언론, 시민윤리, 삶의 질 등으로 재편하게 되었다.

우리 나라 시민단체에 관한 통계 자료에 의하면 1996년에 본조직과 지부조직을 합하여 9467개 이던 민간단체의 수가 1999년 조사에서 20,000여개로 증가하였고, 지역자치와 관련된 단체 중에서 80년대 설립된 단체는 11.5%이고 90년대 이후 설립된 단체가 86.5%나 되어 지역차원에서 민간단체수가 대폭 증가한 것으로 나타나다. 특히 시민사회분야에 속하는 시민단체 중 80년대에 출현한 단제가 전체의 18.5%인데 비하여 90년대 출현한 단체가 62.3%에 이르는 것으로 나타나 90년대에 상대적으로 시민사회단체의 수가 엄청나게 증가하였음을 보여주고 있다(한국시민의 신문, 1996/2000)

그리고 1990년대 후반의 IMF 경제위기로 사회문제의 증가와 복지공급주체의 다원화 흐름이 한국에도 시작되면서 법률과 제도정비등과 같은 사회개혁의 부분에서 활동하던 시민사회단체들이 직접적으로 사회복지서비스를 전달하게 되었다.

제4장 한국민간사회복지부문의
구조적 특성

본 장에서는 사회복지서비스를 공급하는데 있어 민간비영리 사회복지부문의 구조적 특성을 분석한다. 이를 위하여 우리나라 민간비영리 사회복지서비스 공급 주체인 사회복지법인, 시민사회단체, 미인가시설의 ① 서비스 공급기능과 서비스내용, ② 재정체계와 정부보조금 지급형태, ③ 사회복지서비스 공급 책임성에 대한 정부와 이사회의 지배구조(governance)와 정부와 비영리 사회복지부문 간의 상호작용 수준에 관하여 분석한다. 이러한 분석은 각기 기존의 문헌자료와 관련 통계자료를 이용한 거시적 차원의 분석과, 사회복지법인이 운영하는 아동육아시설 2 개소, 시민사회단체가 운영하는 쉼터 2 개소, 미인가 그룹홈 2 개소에 대한 사례조사 분석을 병행한다. 특히 사례분석을 통한 미시적 차원의 분석은 거시적 차원의 분석이 결여하고 있는 구체적인 분석과 내용을 심도 깊게 다루게 될 것이다.

4.1. 민간비영리부문의 사회복지서비스 공급기능

4.1.1. 민간사회복지부문의 서비스 공급기능의 특성

사회복지서비스는 일반적으로 가족의 사회화와 양육 기능의 실패를 보완하고, 예방하는 사회적 기제라고 할 수 있다. 가족의 고유기능이 전혀 수행되지 못하는 경우 가족기능을 대신하는 서비스가 필요하고, 기능의 부분적 손상이 발생하였을 때는 치료적인 보완서비스가 필요하며, 가족 기능의 약화가 예상될 때 지지적인 서비스가 필요하다. 예컨대, 돌보아 줄 자녀가 없는 노인의 경우 전통적인 가족의 기능을 양로시설이 대신해 주어야 하며, 와상 노인의 경우 자녀와 동거는 하지만 성인 자녀의 보살핌이 불가능한 경우, 와상 노인의 수발 기능을 대행해 주는 보완적 서비스가 필요하다. 또 건강한 노인들의 여가활동을 조직해 주는 활동도 가족의 유대를 지원하는 지지적 서비스가 된다. 이런 맥락에서 사회복지서비스는 가족 기능을 대체하거나 보완, 지지하는 사회적 활동이라고 볼 수 있다.

우리사회도 산업화의 급속한 진전과 경제성장으로 급격한 사회변동이 야기되면서 가족 기능의 약화를 초래하여 가족의 기능을 보완하는 사회서비스에 대한 욕구가 증가되어 왔다. 지난 35여 년 동안에 전통적인 가족구조의 형태였던 대가족이 27.0%에서 8.2%로 급속히 감소하였고, 핵가족인 2세대 가족도 63.9%에서 60.8%%로 감소하였다. 반면에 1세대 가족은 7.5%에서 14.2%로 2배 이상 증가하였으며, 1960년대는 존재하지 않았던 단독가구가 15.5%로 급격히 증가하였다.

<표 4-1> 가족유형의 변화

(단위: %)

연 도 가족유형	1960	1970	1980	1990	1995	2000
1세대	7.5	6.8	8.3	10.6	13.0	14.2
2세대	63.9	70.0	68.5	66.7	62.9	60.8
3세대	27.0	22.1	16.5	12.1	9.9	8.2
4세대 이상	1.6	1.2	0.5	0.3	0.2	0.2
단독가구		1.2	4.8	8.9	12.7	15.5
비혈연가구			1.5	1.5	1.4	1.1
미 상	1.7	1.2	6.8	10.7	14.3	-
합 계	100.0	100.0	100.0	100.0	100.0	100.0

출처: 통계청, 「인구주택 총 조사보고서」, 1960, 1970, 1980, 1990, 1995, 2002에서 재구성.

또한 인구의 노령화가 급속히 진행되면서, 노인가족구조에 변화를 보이면서 노인 보호와 여가 활용을 위한 서비스 수요가 증대하고 있다. 1998년 현재 우리나라 65세 이상 노인인구는 전체인구의 6.6%인 305만 명이나, 2000년에는 그 비율이 7%를 넘어 고령화 사회(aging society)로 진입하였고, 2022년에는 14%를 넘어서 고령사회(aged society)가 될 것으로 전망되고 있어 한국 사회의 노령화의 속도는 세계적으로 유래 없이 빠르게 진행되고 있는 것으로 보고 되고 있다(보건복지부, 1998). 이러한 노인인구의 증가가 가족 유형의 변화 및 노인 가족 유형의 변화에도 영향을 미치고 있다. <표 4-2>는 65세 이상 노인의 가구 구성을 살펴본 것인데, 이 표에서 보듯이 지난 10년 동안에 노인들의 1세대 가구가

16.9%에서 28.7%로 증가하였고, 1인 가구도 8.9%에서 16.2%로 급
증하였다. 이러한 변화는 자녀와 노령 부모가 동거하지 않는 추세
가 뚜렷이 나타나고 있음을 의미한다. 그리고 여성의 취업률도 증
가하여, 특히 기혼여성의 취업률이 1985년 41.0%였던 것이 2002
년에는 52%로 증가하였고, 조이혼율도 1981년 0.6%에서 2001년
에 2.8%로 4배 이상 증가하였다(통계청).

<표 4-2> 65세 이상 노인의 가구 구성

(단위: %)

연도 \ 가구 유형	1세대 가구	2세대 가구	3세대 가구	4세대 가구	1인 가구	비혈연 가구	합 계
1990	16.9	23.4	47.6	2.0	8.9	0.7	100.0
2000	28.7	23.9	29.9	0.9	16.2	0.4	100.0

출처: 통계청, 2004, 「고령자통계」.

이와 같은 인구구성변화와 가족 구조의 변화로 인하여 가족 기
능이 약화되고 가정 폭력, 알코올 및 약물 남용 등의 확산, 아내
학대, 아동학대, 아동유기, 노인학대 등 가족과 관련된 사회병리
현상이 증가하여, 가족 내 아동·장애인·노인 등에 대한 보호기능
의 약화를 초래하게 되어서 가정기능을 사회적으로 보완하는 사
회복지서비스에 대한 욕구가 급격하게 증가하게 되었다.

그러나 산업화의 진전과 함께 사회복지서비스에 대한 욕구는
기하급수적으로 증가하여 왔지만 사회복지에 대한 제도적 환경은
산업화로 인한 경제성장만큼 좋아지지 않았다. 지속적인 경제성
장의 결과로 인하여 IMF관리체제 이전에 한국의 국민소득이 1만
불을 넘어섰고, 경제규모에서는 세계10위권에 진입하게 되었다.

연평균 8% 이상의 고도 성장을 지속하여 OECD에도 가입하는 등 선진국으로의 진입을 경험하였다. 그럼에도 불구하고 사회보장에 대한 투자는 선진국의 1/4정도로 나타나고 있어서 사회복지에 대한 정부지원은 매우 미약한 수준에 그치고 있다. 한국보건사회연구원의 결과에 의하면, '삶의 질'을 경제·교육·보건·문화 부문의 종합지표로 평가할 때 한국은 세계 174개국 중 29위로 나타났으며, 국민보건 59위, 경제활동참여 57위, 여성의 고용 59위, 남성 대비 여성의 고등교육 취학률 99위로 나타나 상대적으로 낙후되어 있는 것으로 평가되고 있다. 이외에도 부의 편중, 복지재정, 산업재해, 교통사고 및 환경 등 사회안전 측면을 고려할 때 한국인의 삶의 질의 위상은 더욱 낮은 것으로 평가되고 있다(정경배·박찬용, 1998). 복지지출을 비교하여 보면 이러한 현상은 더욱 선명하게 부각된다. 국제비교 상 우리나라의 국내총생산(GDP)대비 보건복지부문 재정지출 비율은 국제평균을 100으로 보았을 때, 보건복지부문은 18.6%, 사회복지부문은 29.2% 수준으로 매우 미약한 실정이다. 또한 최근 3년간 재정경제원이 IMF에 제출한 보건·사회보장부문 재정내역을 살펴보면 1994년~1996년기간동안 우리나라는 중앙정부 재정의 0.7% 정도를 보건비에 지출하였고, 사회보장·복지비에 9.9%~10.7%를 지출하였으며, 보건·사회보장비가 중앙정부 재정에서 차지하는 비율은 10.6%~10.7% 정도였다. 이 지출 규모는 1990년대 OECD에 가입한 멕시코나 체코보다 낮은 수준으로 우리나라 정부의 사회복지확대에 대한 의지가 매우 낮다는 것을 보여준다.

그러므로 사회보장 일부인 사회복지서비스부문에 대한 지출은 더욱 미약했다. <표 4-3>은 정부의 사회복지비 지출 경향을 보여주고 있는데, 1985년까지 전체 정부 지출에서 사회복지서비스 지

출은 약 2%내외에 이었고, 그나마도 이 지출의 대부분은 공공부
조와 사회보험에 사용되었다. 좀더 세부적으로 살펴보면, 1965년
에는 공공부조가 전체 사회복지비의 73.6%로 정부 사회복지비 지
출의 대부분이었다고 할 수 있다. 그러던 것이 1985년에 사회보험
의 지출비율이 76.2%로 성장하여 공공부조에 지출된 비용보다 높
아졌고, 정부의 사회복지서비스 지출 비율은 1990년에 들어서 조
금 상승하기 시작하였다. 이 후 사회복지서비스 지출은 꾸준히 증
가하여 1999년에 전체 정부 지출의 30.9%를 차지하였고, 정부지
출 구조상으로는 사회보험, 공공부조, 사회복지서비스의 구성비
가 비슷하게 되었다.

<표 4-3> 정부의 사회복지비 지출 경향

(단위; 억 원, (%))

구 분 연 도	사회보험	공적 부조	사회복지서비스	사회보장비 (합계)
1965	14.0 (24.4)	42.3 (73.6)	1.2 (2.0)	57.5 (100)
1975	361.5 (41.6)	488.1 (56.1)	20.1 (2.3)	869.6 (100)
1985	12,773.2 (76.2)	3,535.7 (21.1)	457.0 (2.7)	16,765.6 (100)
1995	17,280 (59.1)	5,740 (19.6)	6,230 (21.3)	29,250 (100)
1996	19,759 (56.0)	7,130 (20.2)	8,390 (27.8)	35,279 (100)
1997	22,666 (53.9)	9,268 (22.0)	10,137 (24.1)	42,071 (100)
1998	17,930 (39.2)	11,210 (24.5)	16,621 (36.3)	45,761 (100)
1999	22,715 (37.2)	19,451 (31.9)	18,885 (30.9)	61,051 (100)

출처: 보건복지부 (1999), 「보건복지통계연보」; 통계청, (1999), 「한국의
     사회지표」, 388-389쪽; 한국은행 통계자료를 재구성.

결국 지난 반세기 동안 정부의 사회복지서비스에 대한 관심
부족은 우리나라 대표적 사회복지서비스에 관한 일반법이면서
기본법의 성격을 가지고 있는 사회복지사업법에서 정부의 책임
성 미비로도 나타났다. 아래 <표 4-4>는 사회복지사업법에 나
타난 사회복지서비스에 대한 책임 규정의 변화를 살펴본 것이

다. 표에서 보듯이 사회복지사업법이 처음으로 제정되었던
1970년 사회복지사업법에서는 국민의 복지증진을 위한 국가 책
임을 규정하는 조항 없이 민간부문의 사회복지사업을 규제하는
사회복지법인제도를 도입하였다.

<표 4-4> 사회복지사업법의 복지증진의 책임 내용

년도	복지증진의 책임
1970	동 내용 없음
1983	제2조의2(복지증진의 책임) ① 국가와 지방자치단체는 사회복지를 증진할 책임을 진다. ② 국가 · 지방자치단체 기타 사회복지사업을 경영하는 자는 그 사업으로부터 혜택을 받을 자에 대하여 필요한 상담, 작업치료, 직업훈련 등을 실시하여야 한다.
1992	제4조(복지증진의 책임) ① 국가와 지방자치단체는 사회복지를 증진할 책임을 진다. ② 국가 · 지방자치단체 기타 사회복지사업을 경영하는 자는 그 사업으로부터 혜택을 받을 자에 대하여 필요한 상담, 작업치료, 직업훈련 등을 실시하여야 한다.
1998	제4조(복지증진의 책임) ① 국가와 지방자치단체는 사회복지를 증진할 책임을 진다. ② 국가 · 지방자치단체 기타 사회복지사업을 경영하는 자는 그 사업으로부터 혜택을 받을 자에 대하여 필요한 상담, 작업치료, 직업훈련 등을 실시하여야 한다.

10여 년이 지난 1983년에 사회복지사업법이 개정하면서 처음으로 국가책임이 명시되었다. 그러나 여전히 사회복지법인제도를 통하여 민간부문의 참여를 보장하고 있었음은 물론이고, 법인의 사회복지시설운영에 대한 법인전입금 제도가 도입되어 사회복지사업에 대한 민간부문의 재정적 책임이 이전보다 강화되었다. 따라서 사회복지에 대한 국가 책임이 법에 명시된 것과는 달리 민간사회복지법인이 한국 사회가 필요로 하는 사회복지서비스를 공급하고, 이에 대하여 일부 재정 책임을 맡아야 하는 이중적 책임을 지고 있었다. 또한 서비스 관련 법률의 개정을 통하여 수혜대상 범위의 보편주의를 선언하였지만, 실제 서비스 수혜대상자들은 여전히 공공부조 대상자를 중심으로 한 빈곤계층을 사회복지시설에 수용·보호하는 형태이었다. 이러한 특성 때문에 사회복지시설이 주로 생활시설을 의미하는 용어로 사용되게 되었다고 볼 수 있다.

개념적으로 볼 때 사회복지시설[16]은 법정 영세민과 결손가정에

---

[16] 사회보장중의 사회복지서비스를 의미하는 것으로, 우리나라의 경우 사회복지사업법 체계 내에서의 '사회복지사업'을 말한다. 1997년 사회복지사업법에 의한 사회복지사업은 생활보호법(국민기초생활보장법), 아동복지법, 노인복지법, 장애인복지법, 모자복지법, 영육아보육법, 윤락 행위 등 방지법, 정신보건법, 성폭력범죄의 처벌 및 피해자보호에 등에 관한 법률, 입양촉진 및 절차에 관한 특례법, 일제하일본군위안부에 대한 생활안정지원법, 사회복지공동모금법, 장애인 · 노인 · 임산부 등의 편의증진보강에 관한 법률, 그리고 가정폭력방지 및 피해자보호에 관한 법률에 의한 보호, 선도, 복지에 관한 사업을 말한다. 또한 이외에 사회복지상담, 부랑인 선도, 직업보도, 무료숙박, 지역사회복지, 의료복지, 재가복지, 사회복지관운영, 정신질환자 및 나완치자 사회복귀에 관한 사업 등 각종 복지사업과 복지시설의 운영 및 지원을 목적으로 하는 사업의 내용을 말하는 것으로 되어 있다.

의한 요보호자를 수용·보호 하는 사회복지생활시설과 지역 주민들의 복지욕구를 충족시키는 기능을 하는 사회복지관으로 분류된다. 하지만 우리나라의 경우 80년대까지도 사회복지사업의 대부분이 생활시설에서의 수용·보호를 중심으로 발달하였기 때문에 사회복지시설이라고 하면 생활시설의 의미로 받아들이는 경향이 있다. 이용시설인 사회복지관은 1950년대 이래로 외국 선교사나 외원 기관들이 운영해오다가, 외원이 중단되면서 재정난을 겪고 있던 것을 1983년 사회복지사업법 개정과 1989년 보건사회부 훈령으로 '사회복지관 설치 운영규정'을 제정하면서 사회복지관 사업이 적극적으로 추진되어 1990년대들어서야 보편화되었다. 이러한 면은 <표 4-5>에서 1997년 현재 사회복지관이 329개인 것에 비해 사회복지수용시설은 총 819개여서 수용시설이 수적으로 우세하다는 점을 통해서도 알 수 있다. 이들 사회복지시설이나 기관의 설립과 운영의 주체들을 살펴보면, 노인복지시설을 제외하고 98%가 넘는 시설들이 민간에 의하여 설립된 것이다. 특히 아동복지시설의 경우 국가와 지방자치단체가 설립·운영하고 있는 시설은 전혀 없으며 100% 민간이 설립·운영운영하고 있다. 여성복지시설도 99%가 민간이 설립하여 운영하는 시설이다.

결국 1980년대 말까지 한국의 사회복지서비스는 관련 법률들에서 실질적인 수혜자의 범위를 보편주의로 선언하고 있음에도 불구하고 수혜대상자로 빈곤층에 한정되어 있었고, 이들 빈곤계층을 민간비영리조직이 운영하는 복지시설에 수용·보호하여 왔다. 그리고 이러한 시설의 운영도 공적인 전달체계나 가족과 국가 사이의 다양한 중간 집단들을 이용하는 것이 아니라 공적인 책임성을 강조한 사회복지법인을 주로 활용하여 국가의 책임을 대행하도록 하였다.

그러나 제도권내의 민간부문만으로 우리나라의 법정 빈곤층, 즉 생활보호대상자인 저소득자나 무의무탁자를 모두를 수용·보호할 수 있을 정도로 충분하지 못하였다. 변용찬의 조사(변용찬, 1996)에 따르면 1995년 8월말 현재 전국에 총 293개의 미인가시설[17]이 있는 것으로 조사되었고, 수용하고 있는 인원은 5,704명으로 같은 해 전국에 인가 받은 778개 수용시설이 총 76,860명을 수용·보호하고 있었던 것에 비교하여 볼 때 전체 인가시설의 7.4%에 해당하는 적지 않은 인원에 대한 사회복지서비스 공급 책임을 지고 있었다.

---

[17] 1997년 사회복지사업법 개정 이전까지는 미인가시설로 명명되다가 97년 개정 사회복지사업법에서 사회복지시설 운영이 인가제가 아닌 신고제로 변경되면서 용어가 미신고시설로 전환되었다.

<표 4-5> 사회복지시설 및 기관의 설립주체에 따른 현황

(1997년 12월말 현재) (단위: 개소, 명, %)

설립주체 시설종류	합 계		국·공립		민립(사회복지법인/ 비영리법인)	
	시설수	수용인원	시설수	수용인원	시설수	수용인원
아동복지 시설	274 (100)^{주1)}	16,936 (100)	-	-	274 (100)	16,936 (100)
노인복지 시설	173 (100)	9,539 (100)	7	727	166 (96)	8,812 (92.4)
여성복지 시설	67 (100)	3,137 (100)	1	10	66 (99)	3,127 (99.7)
장애인 복지시설	183 (100)	16,232 (100)	-	-	183 (100)	16,232 (100)
만성질자 요양시설	6 (100)	1,009 (100)	-	-	6 (100)	1,009 (100)
정신질자 요양시설	73 (100)	17,662 (100)	-	-	73 (100)	17,662 (100)
부랑인 시설	43 (100)	12,941 (100)	2	166	41 (98)	12,775 (98.7)
소 계	819 (100)	77,456 (100)	10	903	809 (98.8)	76,553 (98.8)
복지관	329개소 (100)		11개소		318개소 (97%)	

출처: 보건복지부 (1999), 「보건복지백서 98」, 「보건복지통계연보」에서
     재구성.
주1) 이 비율은 국·공립과 민간의 수용시설과 수용인원이 전체에서 차지
    하는 비율과 그 합계를 나타낸 것이다.

미인가시설이 등장하게 된 것은 3장에서도 언급하였던 것처럼 1970년 사회복지사업법을 제정할 때 사회복지법인 제도를 도입한데서 비롯한다. 미인가시설은 종교단체, 성직자, 기타 신앙인 등 주로 자선사업에 뜻을 가진 사람들에 의하여 설립되어, 정부로부터 법인 등록을 받지 못한 시설이다. <표4-6>은 미인가시설의 설립연도를 보여주는데, 우리나라의 산업화의 영향력이 크게 나타나기 시작하는 1980년도부터 미인가시설[18]의 설립이 급증하기 시작하였고, 1991년 이후에 설립된 미인가시설이 40% 이상이다.

<표 4-6> 미인가시설의 설립연도

(단위: %)

1975년 이전	1976~1980년	1981~1985년	1986~1990년	1991년 이후	합 계
6.1	5.2	15.3	30.1	43.2	100.0[18]

출처: 김영모·엄유경(1997), "비인가 시설보호의 실태와 과제", 「사회정책연구」 제18호, 한국사회복지정책연구소, 11쪽.

사회복지사업에 있어서 민간부문이 본격적으로 활성화되기 시작한 것은 1990년 들어서이다. 특히 김대중 정부에서 '생산적 복지'를 강조하면서 민간 기관의 참여 범위가 급격히 확대되었다. 사회복지사업법 및 사회복지서비스 관련 법을 개정하여 민간부문의 참여를 공식화하였다. 1997년 사회복지사업법을 전면 개정하여 사회복지시설의 운영의 주체를 사회복지법인이나 비영리법인뿐 아니라 개인이나 영리법인도 할 수 있도록 허용하였고, 사회복지시설의 운영을 인가제에서 신고제로 변경하여 민간부문이 사회

---

[18] 김영모 교수가 1996년에 전국의 293개의 미인가시설을 대상으로 한 전수 조사의 결과이다.

복지 공급에 쉽게 참여할 수 있도록 제도적 진입장벽을 낮추었다. 1991년에 제정된 영유아보육법은 국가와 사회복지법인은 물론 개인과 기업 및 종교단체도 보육서비스를 제공할 수 있도록 하였고, 1993년에 노인복지법을 개정하여 재가노인복지사업과 유로노인 복지시설의 운영을 개인과 기업이 시·도지사의 허가를 받아 수행할 수 있도록 하였다. 이런 일련의 사회복지서비스 관련 법들의 제·개정을 통하여 민간의 다양한 주체들이 사회복지서비스를 공급할 수 있도록 기반을 마련하였다. 또한 김대중 행정부 시기의 경제위기가 사회복지서비스 제공에 있어 민간부문의 역할을 다양화하는 계기가 되었다. IMF구제 금융기 동안에 많은 실직자들이 발생하였고, 정부는 가톨릭을 위시하여 기독교, 불교 등의 종교단체와 시민사회단체에 노숙자를 위한 식당 및 숙소를 운영해 주도록 요청하였다. 그 당시 경제위기를 극복하는데 주력을 다하고 있었던 정부는 노숙자의 보호를 위해 종교, 시민사회단체가 전면에서 활동을 주관하고 정부가 그 활동을 원활하게 수행하도록 지원하는 방향으로 정책을 세웠다. 2000년 1월 현재 전국 노숙자 쉼터는 150개소가 있으며, 이 중 종교계가 71개(47.3%)를 운영하고 있고, 시민단체가 3개소(2%)를, 그 외 기존의 사회복지법인이 운영하는 사회복지관이 맡고 있다[19]. 또한 「청소년성보호에 관한 법률」이 2000년 7월 1일자로 시행되어 선도보호 처분 시 필요한 입소시설의 부족이 예상되자 이를 종교단체와 시민사회단체가 운영하는 보호시설에 대한 법적 근거를 마련하고 운영보조비를 현실화하여 선도보호시설의 설치를 확대하는 방향으로 나갔다(국무조정실, 2000).

정부가 1998년 한해 8조원이라는 거액의 실업 고용자금을 방출

---

[19] http://www.mannanet.kncc.or.kr/index.html, "전국 노숙자 쉼터 현황"의 자료를 재구성하였다.

하면서 많은 시민사회단체들이 사회복지서비스의 공급주체로 등
장하게되었다. IMF초 제1기 공공근로사업 때는 지방자치단체들
만으로 행정을 집행하였으나, 1998년 8월 말부터 시작된 제2기 때
부터는 시민사회단체들에게도 공공근로자를 배정, 참여 할 수 있
도록 하였고, 또한 미취업 대학졸업자들을 인턴사원으로 시민사
회단체들에 배치하여 인력으로 활용하게 하였다. 그리하여 한국
여성단체연합, 경실련, 환경운동연합 등 많은 시민단체들이 공공
근로자들을 받아 방과 후 학습지도, 환경사업 등에 활용하였다(이
창호, 2000:58). 이러한 사실은 연세대학교 동서문제연구원이 2000
년 말에 한국리서치에 의뢰하여 전국의 400여 개 민간단체[20]를 대
상으로 한 조사 결과에서도 드러난다. 이 조사 설문 중 'IMF와 시
민사회단체와의 관계'를 물어보는 문항에 대하여 총 12%의 기관
들이 IMF 이후 공공근로직원을 받고 있다고 대답하였고, 평균 공
공근로직원의 수는 6명이라고 답하였다. 분야별로 보면, 사회서비

---

[20] 이 연구는 사단법인 '시민운동정보센터'에서 발행된 2000년도 「한국
민간단체총람」에 있는 11개의 분야에 총 4023개 민간단체를 모집단
으로 하여, 각 단체수가 전체에서 차지하는 비율을 고려하여 분야별로
일정한 Quota를 할당하여 예산과 상근자수에 있어서 평균 이상 되는
단체들만을 list-up하여 이들 단체들을 대상으로 random sampling을 실
시하여 면접조사 한 것이다. 하부 분야는 Johns Hopkins University이
비영리단체의 분류기준에다가 「한국민간단체총람」의 분류를 조정하
여, '권리/법/정치/개력', '여성', '소비자단체', '사회복지/구호', '건강/의
료/재활', '기부재단/모금/자원봉사', '문화', '전문이익단체', '환경/자연
보호단체', '교육/연구기관', '기타'로 분류하였다. 이들 중 '권리/법/정
치/개혁'과 '여성', '소비자단체'를 시민사회단체로 '사회복지/구호',
'건강/의료/재활', '기부재단/모금/자원봉사'를 사회서비스단체로, 그
외 문화와 전문이익단체를 따로 분리하고, 기타 나머지 단체들을 모두
기타단체로 중 범위 분야분류를 하였다. 응답 기관수는 시민사회단체
107, 사회서비스 78, 문화 67, 전문이익단체 76, 기타 72개이었다.

스 공급이 일차적 목적인 민간단체의 경우 조사대상 78개의 단체 중 24%가 공공근로자를 받았고, 그 다음이 시민사회단체로 전체 197개의 기관 중 12%가 공공근로자를 배정 받았던 것으로 나타 났다. 또한 107개의 시민사회단체 중 35%가 사회복지서비스를 직접 제공하고 있다고 응답하였다. 시민사회단체 중 특히 여성 단체들과 소비자 단체들의 사회복지서비스 공급 비율이 높았는데, 여성단체 55%, 소비자단체 47%가 사회복지서비스를 직접 제공하고 있었다.

그리고 IMF관리체제를 맞아 확대된 종교계 실직자 관련 지원 사업으로 인하여, 개신교, 천주교, 불교, 원불교 등 4대 종단에서 300여 개에 이르는 노숙자 숙박시설과 무료급식, 실직자 쉼터 등을 운영하고 있다. 이들 중 무료급식이 전체의 약 78%를 차지하고 있으며, 실직자 쉼터와 노숙자 숙박시설은 각각 11%와 4%를 차지하고 있다[21].

이상의 논의를 종합하여 볼 때 사회복지법인은 정부의 책임을 대행하는 복지서비스를 제공하였던 것에 비하여 미신고시설은 사회복지법인이 포괄하지 못하는 빈곤계층을 중심으로 서비스를 제공하였고, 시민사회단체는 IMF 경제위기로 인하여 대량 생산된 실업자와 노숙자에 대하여 서비스를 제공하거나 청소년성문제 등과 같은 새로운 사회문제에 대하여 그 문제의 심각성을 인지하고 해결하기 위한 시설이나 프로그램을 운영을 운영하였다.

결국 우리나라는 사회복지서비스 공급에 있어 서비스 전달이 비영리부문에 전적으로 의존하여 왔음을 알 수 있다. 그리고 이러한 특성은 사회복지공동모금회의 배분 결과를 보아도 명백

---

[21] http://mannanet.kncc.or.kr/index.html. 정무성, "종교와 사회복지", 1999년 사회복지대회 중 제3분과 발표 논문.

하게 드러난다. <표 4-7>은 1999년의 사회복지공동모금의 배분 결과인데, 이를 보면 공동모금회의 지원사업의 45.8%가 생계보호에 지원된 것으로, 이는 국가의 생계보호와 중복되고 있어서 아직까지 국가의 역할을 대행하고 있음을 알 수 있다. 그러나 약 50%가 프로그램 사업에 지원되고 있어서 민간비영리조직들이 새로운 사업이나 프로그램을 수행할 수 있는 여지를 남겨두고 있다.

<표 4-7> 사회복지공동모금회의 사업성격별 지원결과

(단위: 백만 원)

구 분 사업성격		지원 총액	
		금 액	%
생 계 보 호		3,038,908	45.8
의 료 지 원		421,670	6.4
프로그램	상담 및 지지서비스	636,659	9.6
	행사성 프로그램	99,044	1.5
	기타 프로그램 선정사업	2,229,898	33.5
	소 계	2,965,601	44.6
시설운영 및 증·개축		211,145	3.2
합 계		6,637,321	100.0

출처: 전국공동모금회 내부자료, 이태수·조흥식 (1999), "공동모금제도의 현황과 전망", 1999추계사회복지학술대회자료집에서 재인용.

결국 이러한 분석을 종합 요약하면, 우리나라 민간비영리부문의 사회복지서비스의 공급 기능은, 정부에 궁극적으로 책임이 있는 서비스를 대행하기도 하고, 정부가 미처 대처하지 못하는 새로운 사회복지욕구를 충족시키는 사회복지서비스를 제공하기도 하고, 정부의 서비스 책임영역에 속함에도 불구하고 책임이 미치지 못하는 대상층을 보호하는 역할들을 하여왔다. 공급주체별로 두드러진 특성은 사회복지법인은 법정대상자를 중심으로 서비스를 제공하고 있고, 미신고시설은 전형적으로 정부가 담당하지 못한 대상에게 보호 및 서비스를 제공하고 있으며, 시민사회단체역시 미신고시설과 함께 보완적 서비스 제공 기능과 새로운 사회문제를 해결할 수 있는 사회복지서비스를 제공하는 등 실험적이고 선도적인 서비스 제공에 참여하고 있다.

다음 절에서는 6개 기관의 사례를 가지고 민간사회복지서비스 공급주체들의 특성이 무엇인지를 분석하였다.

4.1.2 민간비영리주체들의 사회복지서비스 공급기능에 대한 사례연구

1) 사회복지법인이 운영하는 아동육아시설, '가', '나'

'가' 아동육아시설은 한국전쟁 당시 발생한 수많은 전쟁 고아들을 보호하기 위하여 1950년에 사회복지시설로 설립되었다. 그 후 정부가 사회복지사업의 공익성 확보를 위하여 사회시설을 운영할 수 있는 권한을 정부로부터 허가받은 사회복지법인에게만 부여하고, 사회복지시설도 인가를 받도록 하는 법을 제정함에 따라 개인재산을 출현하여 1961년 5월에 사회복지법인 '가'로 허가를 받았고, 1965년에는 아동복리시설에 대한 정식 인가를 받았다. 이때부터 부모가 사망하거나 이혼, 별거, 가출, 미혼모 등의 이유로 유기된 무의무탁 한 아동들 중 지방자치단제 장이 위탁하는 아동들을

보호, 양육하는 정부의 시설사업을 수행하고 있다. 현재 이 시설
은 시립상담소를 거쳐 지방자치단체장의 위탁 요구로 총 73명의
아동이 수용·보호되고 있으나, 원래 법적인 정원수는 100명까지
가능하다[22]. 시설에 수용되는 아동 수를 제한한 것은, 대규모 시설
에서 양육된 아동들의 고질적인 문제들을 해결하고자 1997년 사
회복지사업법에서 대통령이나 보건복지부장관이 예외로 인정하
는 시설을 제외하고는 시설을 대규모화하지 못하도록 제한한 것
에 따른 것이다.

지난 40여 년 동안 '가' 기관은 아동양육시설로 아동을 수용·보
호 양육하는 서비스를 충실하게 제공하여 왔다. 그러나 1997년 사
회복지사업법에서 시설운영 주체에 대한 규제가 완화되어 사회복
지법인 이외에 개인이나 영리기관도 시설을 운영할 수 있도록 한
제도적 변화, 그리고 1999년 12월에 아동복지법이 개정되어 법률
이 허가하는 아동복지사업의 범위가 장기시설보호사업과 아동건
전육성 사업에서 단기보호사업이나 일시 보호사업, 학대아동상담
소 등으로 확대되면서, '가' 아동육아시설은 2000년부터 시설의
프로그램을 육아시설에서 실비의 이용료를 받을 수 있는 일시 보
호센터,* 단기보호센터, 학대아동피해상담소 등으로 확장하였다.
이러한 시설 운영에 있어서의 변화는 1997년 경제위기로 인하여
생활 아동수가 조금 늘어나기는 하였지만 전반적으로 한국의
경제성장과 출산율의 급격한 저하 등으로 생활 아동수가 줄어들고
있기 때문이다.

'가' 시설이 다른 아동양육시설에서 하지 못하는 시설의 종류의

---

[22] 1997년 사회복지사업법과 시행령의 개정으로 정부가 예외로 규정하는
시설을 제외하고는 수용시설의 수용보호인원은 100명을 초과하면 안
된다.

다양화를 시도하고는 있지만, 여전히 정부가 법률로 규정하는 사업의 범위 내에서 부분적으로 시설 기능의 변화를 추진하고 있다. 새롭게 추진되는 사업들은 아직은 준비단계이어서 그 운영이나 영향을 논의하기는 시기상조라고 보여진다.

결국 '가' 시설은 정부의 위탁 사업을 수행하는 수동적인 특성을 보여주었지만 최근의 민간사회복지부문의 변화와 서비스 욕구의 변화에 적응하려고 하는 변동의 움직임을 보여주고 있다.

이와는 반대로 '나' 아동육아시설은 사회복지법인 '나'에서 운영하고 있는 7개의 시설 중 하나로 사업내용에 별다른 변화없이 그대로 유지되고 있다. 이 시설도 1939년에 시설이 먼저 설립되고 1948년에 당국으로부터 후생시설 허가를 받았다. 그후 1957년 사회복지재단법인 '나'가 정부로부터 설립허가를 받아서 '나' 시설이 '나' 법인의 운영기관으로 편입되어 운영되게 되었다. 이 시설은 '가' 육아시설과 마찬가지로 시립상담소를 거쳐 지방자치단체의 장이 위탁한 만 3세부터 18세까지의 고아나 의지할 곳이 없는 아동, 그리고 결손가정 아동 총 86명을 수용·보호·양육하고 있었다.

그러나 이 시설은 '가' 시설과 같이 민간부문의 주도력을 강화하는 변화는 보이지 않는다. '나' 육아시설과 법인은 정부의 책임사업을 대행하여 정부 책임 대상층에 서비스를 제공하는 데 충실하고 있다.

결국 '가', '나'의 아동육아시설을 운영하고 있는 사회복지법인은 국가의 보호가 요구되는 대상을 위탁의 방식으로 국가를 대신하여 시설보호사업을 수행하고 있다. 따라서 사회복지법인 제공하는 서비스는 정부를 대신하여 서비스를 제공하고 있다고 볼 수 있다.

2) 시민사회단체가 운영하는 단기보호시설 쉼터 '다', '라'

앞에서 살펴본 '가', '나'사회복지법인 및 시설과의 관계와는 달리 시민사회 단체가 운영하는 '다', '라' 시설은 법인이 먼저 설립되고, 법인의 목적사업을 수행하던 과정에 필요에 의해 시설들을 운영하게 되었다. 그리고 시설들은 대부분이 1990년대 설립되었다.

전국에 지부를 두고 있는 '다' 본부는 오랫동안 청소년가출상담실을 운영하면서 가출문제가 상담을 통해서만 해결되는 것이 아니라 것을 인식하게 되었다. 1990년 10월에 서울시내 2,000여 명을 대상으로 '청소년가출에 대한 실태조사'를 수행하였고, 1991년 전국 7개 도시 청소년 5,200명을 대상으로 가출에 대한 설문조사를 실시하여 청소년 가출 문제의 심각성과 유해성을 분석하였다. 이 조사 결과 조사대상의 74.4%가 가출충동을 느낀 적이 있으며, 14.3%가 가출 경험이 있었고, 이들 중 23%가 유흥업소에서 일한 경험이 있는 것으로 드러났다. 이 조사가 가출로 인하여 일어날 수 있는 비행을 미연에 방지하고, 또한 가출 청소년들이 건강한 장소에서 쉴 수 있는 공간의 필요성이 절실하다는 것을 보여주었다. 따라서 이를 근거로 같은 해 '청소년 가출 문제와 이들이 쉴 공간의 마련'이라는 주제로 세미나를 개최하여 정부와 기업들에게 청소년 문제의 심각성과 쉼터의 필요성을 제기하였다. 이와 같은 활동의 결과 1992년 '다' 청소년 쉼터가 최초로 설립되었다.

'다' 시설은 가출 청소년을 안전하게 보호하여, 가정 및 학교로 복귀시키기 위하여 보호 기간 동안 전문상담을 통해 가출문제 해결을 도와 정신적 안정을 찾을 수 있도록 프로그램을 제공하고, 생활지도 프로그램을 체계화하여 가출 청소년의 자아성장을 돕고 있다. 또한 청소년 가출을 예방하기 위하여 '가출 청소년 찾아 나

서기' 프로그램도 운영하고 있다.

시설에 보호되는 대상은 13세~18세 미만의 여자 가출 청소년을 대상으로, 현재 8명~10명(2000년 일 평균 9명 정도)의 여자 청소년을 보호하는 일시 보호시설로 운영되고 있다.

또한 가출 예방사업으로 대학로나 신촌, 홍익대 일대의 유흥가 밀집지역에서 가출한 청소년들에게 거리이동 상담, 학교 부적응 청소년들을 대상으로 집단상담과 심리검사, 약물 교육 등을 하는 청소년 캠프를 운영하고 있으며, 청소년 또래 상담, 도우미 클럽 활동, 그리고 청소년 방과 후 대안학교 등 학교 지원상담 프로그램을 운영하고 있다.

이상의 프로그램과 대상자의 특성을 통해 볼 때 '다' 청소년 쉼터는 비영리조직의 서비스 공급기능의 보완적·선도적 성격을 보여주는 전형적인 예라고 할 수 있다. 즉, 정부의 관심이 전혀 없던 문제를 사회적으로 이슈화하여 이 문제를 사회문제로까지 인식시키고, 문제 해결을 위한 프로그램을 시범적으로 시도하는 민간 주도력을 보여주고 있다. 이와 같은 특성으로 인하여 청소년 가출 문제의 심각성을 깨닫고 문제 해결을 위하여 정부가 주도하고 자신을 대신하여 서비스의 공급을 을 위탁하고 있는 사회복지관의 청소년 쉼터들과는 대상에 있어서 어느 정도 차이성을 보이게 된다. '다' 청소년 쉼터와 사회복지관이 운영하고 있는 '청소년 쉼터'들은 기능과 역할은 비슷하지만 문제를 보는 시각과 지향점이 다르기 때문에 표적으로 하는 대상자가 달라진다. 즉, '다' 청소년 쉼터는 일반적인 청소년이 잠정적 대상자이어서 이들을 위한 프로그램을 개발하고 운영하는데 노력하고 있지만, 사회복지관의 청소년 쉼터는 빈곤계층의 청소년들을 일차적 대상으로 하고 있다[23].

'라' 시민사회단체가 운영하는 '라' 쉼터는 자율적으로 설립되어 운영되다가 1995년 성폭력특별법이 제정된 후 일시 보호시설로 인가 받게되었다. 시설의 보호기간은 원칙적으로 6개월 이내이며 횟수에 상관 없이 3개월의 범위 안에서 연장이 가능하다.

쉼터를 운영하고 있는 '라' 단체는 1991년 4월에 성폭력 피해여성을 돕고, 보다 건강하고 인간 중심적인 성문화를 세워가기 위해 뜻을 같이하는 여성들이 모여 만든 최초의 성폭력전문 상담기관이다. '라' 기관은 개원 이후 지속적으로 성폭력 피해 여성들의 심리적, 법적, 의료적 상담을 통해 피해를 극복하고 건강한 삶을 살 수 있도록 활도하여 왔다. 이러한 활동을 수행하여 오던 가운데 피해를 받은 여성들이 가해자로부터 피난하여 있을 곳이 필요하며, 일정기간 동안 육체적·심리적 안정을 취하고, 후유증의 치유와 앞으로의 삶을 위한 보금자리가 절실히 요구된다는 것을 인식하게 되었다. 특히 한국에서 성폭력 피해자는 대개의 경우 성폭력 때문에 힘들어 하면서도 가족들로부터 지지를 받지 못함으로 인해 피해 이후 상황이 더 악화되는 문제의 악순환을 해결할 필요가 있다는 결론에 도달하였다. 따라서 쉼터와 같은 공간의 필요성이 절대적으로 요구되어 성폭력 피해자들에게 자신을 둘러싼 상황에서 탈피하여 휴식할 수 있는 공간을 제공하고, 또한 상담을 통해 성폭력 피해에 대하여 편안하게 마음껏 이야기 할 수 있는

---

[23] 실장과의 면접에 의하면 '다'는 기본적으로 청소년단체로 스스로를 정의하고 있어서 그 대상이 소외된 청소년이 아니라 일반 청소년을 대상으로 하는 프로그램을 주로 고안하는데 주력하는데 비하여, 사회복지관이 운영하는 쉼터는 훨씬 소외된 청소년들을 주 대상으로 하는 것 같다고 하였다. 실제로 함께 모였을 때 관심의 초점이 조금 다르다고 한다.

공간을 제공하기 위하여 1994년 9월에 성폭력여성피해자를 위한 쉼터를 '라' 시설이 설립되게 되었다.

쉼터의 입소자는 성폭력 피해를 당한 여성이면 누구나 입소가 가능하다. 2000년 현재 초등학생부터 고등학교 3학년까지 9명의 여자 청소년들이 이 쉼터에서 생활하고 있다. 이 쉼터는 그룹홈과 같은 단기시설로 인가를 받았기 때문에 최대 수용 인원이 10명이다.

이상에서 살펴본 '라' 시설의 일련의 변화과정을 볼 때 '라' 성폭력 쉼터의 운영은 정부가 관심을 갖지 못하고 있던 사회적 문제에 대하여 민간비영리기관이 주도력을 가지고 선도적으로 문제 해결책을 찾아온 결과라고 볼 수 있다. 성폭력 문제에 대한 사회적 인식이 부족한 가운데 성폭력 문제를 집중적으로 다루는 시민사회단체를 만들고, 이 비영리법인을 통하여 지속적으로 문제 해결을 모색한 결과 성폭력에 대한 입법화를 추진하였을 뿐 아니라 쉼터도 개원하였다. 물론 이 단체의 힘만으로 성폭력특별법이 제정된 것은 아니지만 다른 여성 단체들과 연계하여 지속적으로 성폭력을 사회 문제화하는 활동과 프로그램을 전개하였고, 그 결과 사회적으로 성폭력에 관한 특별법이 제정될 수 있었다. 이러한 주도력은 이 시설이 제도권내로 영입된 이후 시설운영에서도 지켜지고 있다. '라'시설은 일시 보호시설로 인가 받은 후 시설 운영비만을 정부로부터 지원 받을 뿐 사업내용이나 활동을 결정하는 것은 전적으로 시설소관이다. 일례로 입소 대상자도 사회복지법인이 주력하고 있는 빈곤계층을 벗어나서, 즉 빈곤계층의 성폭력 피해자만을 대상으로 하는 것이 아니라 성폭력을 경험한 모든 계층의 사람들에게 서비스를 제공하고 있다.

결국 시민사회단체가 운영하고 있는 '쉼터'라는 시설의 형태도 '다' 청소년쉼터와 마찬가지로 정부가 관심을 갖지 못한 사회문제에 대하여 먼저 문제의 해결책을 찾아서 필요한 섭시스를 제공한 경우이다. 이들 단체들은 새로운 사회문제분야에서 필요한 서비스를 공급하여 정부를 선도하고, 제도적 정책적 변화를 가져왔다. 하는 기관이다. 따라서 시민사회단체는 민간부문기관 고유의 특성을 가지고 있으며, 이들이 공급하는 서비스는 정부공급을 보완하고 선도하고 있다.

3) 미신고시설 '그룹홈' '마', '바'

미신고 '그룹홈' '마'와 '바' 시설은 '다', '라'의 시민사회단체가 운영하는 시설들과 마찬가지로 1990년대 후반에 설립되었다. 이들은 모두 정부의 복지시범사업의 하나로 그룹홈이 운영되기 시작한 1998년 이후 그룹홈이라는 시설로 전환되거나 새로이 설립된 것이다.

'마' 시설은 결손, 빈곤, 학대(폭력), 방임, 유기 등으로 인해 가정에서 적절한 성장환경을 마련해주지 못하는 청소년들을 대상으로, 안정된 양육 환경과 가정공동체를 제공함으로써 공동체적 사랑을 통하여 건강한 자아 정체감과 가치관을 형성할 수 있도록 돕기 위하여 마련된 미신고 그룹홈이다.

'마'시설은 원래 청소년 쉼터에서 전환된 것이었다. 모 종교유지재단의 사회선교파트에 소속된 미신고 'N' 시설이 빈민 지역이었던 봉천동 일대에 지역조사를 실시하였고 그 결과 1995년 5월 청소년 쉼터인 단기시설을 개원하였다. 단기 청소년쉼터로 단기간 청소년을 보호하고 있던 중에 보호기간이 끝나고 다른 곳으로 갈 수 없는 청소년들이 많아지면서, 이들에 대한 단기와 중장기 보호를 함께 하다가 2000년부터 장기보호만을 하는 그룹홈의 형

114

태로 전환하였다. 가정이 적절한 성장 장소가 되지 못하는 청소년
들에게 보호할 장소를 제공하는 것이 목적이었지만 'A' 종교유지
재단의 사회선교파트는 대규모 시설보호가 아니라 '가족'공동체
를 통하여 대규모 수용시설에서 발생한느 시설병과 같은 문제점
을 보완하기 위하여 그룹홈이라는 새로운 서비스 형태를 선택하
였던 것이다.

이 시설의 대상자는 사회복지법인이 운영하는 아동육아시설의
입소자 범위에서 확대되어 무의무탁 한 청소년들뿐 아니라 1999
년 아동복지법의 개정으로 새롭게 아동복지대상자로 등장한 가출
청소년들도 가능하였다. 방임, 유기 등으로 인해 가출하여 가정으
로 돌아가기까지 1년 이상의 장기보호가 필요한 가출 청소년들도
이 시설에서 보호서비스를 받게 되었다.

14세~20세의 여자 청소년을 대상으로 2000년 현재는 3명의 여
자 청소년들이 거주 하고 있다. 그리고 서비스의 형태가 사회복지
법인과 가장 다른 것은 대규모 시설보호가 아니라 소규모로 가정
과 같은 공동체 속에서 양육·보호 서비스를 제공하는 것이다. 따
라서 사회복지법인이 운영하는 대규모시설과는 다르게 일반적인
생계해결을 위한 수용·보호 이외에 보다 전문적인 상담과 치료프
로그램을 함께 제공하고 있었다.

이러한 측면에서 보면 이 시설의 서비스 내용은 정부를 대신하
고 있는 사회복지법인이 운영하는 시설과 거의 동일하다고 볼 수
있지만 서비스 형태가 다르다고 할 수 있다. 또한 프로그램 내용
에 있어서도 일차적으로 양육과 보호기능을 주로 하면서도 치료
적이고 상담적인 프로그램을 구성하여 실험적인 성격을 보여주고
있다. 즉 대상자의 변화하는 욕구에 대응하여 프로그램의 유연성
을 보여주고 있다. 그러므로 이 시설은 법정 대상자와 새로운 대

상자도 포괄하고 있으며 서비스의 내용도 법정 서비스뿐만 아니라 실험적인 서비스를 제공하고 있다. 즉, 지역사회의 욕구조사에 부응하여 청소년 쉼터로 출발하였다가 지역사회의 욕구가 변화되자 그룹홈으로 시설의 형태를 전환함으로써 변화하는 사회적 욕구에 대처하는 유연성을 보여주고 있다.

'마' 그룹홈과 달리 '바' 그룹홈은 2000년 3월에 사업을 시작한 개인이 운영하는 시설이다. 이 시설은 순수하게 운영자의 자선적인 목적에서 시작되었다. 운영자는 원래 지역의 철거주민을 돕는 빈민운동가였다. 그러다가 그 지역에 영구임대아파트가 지어지고 지역빈민들의 대부분이 이 아파트로 이사가게 됨으로써 더 이상 빈민운동의 필요성이 없어지게 되자, 천주교 사회복지협의회를 통해 부모들로부터 유기되거나 부모가 제대로 양육하지 못하는 아동들을 소개 받아 보호·양육하는 복지사업을 시작하였다[24]. 특히 '그룹홈'이 요보호대상 아동의 대규모 시설 병의 병폐를 감소할 수 있다는 대안이라고 생각하여 '가정'과 같은 환경을 제공하는 그룹홈을 운영하게 되었다. 그러나 서비스의 내용은 전적으로 아동의 보호·양육에 한정되고 있다.

이상의 6개 개관 사례의 서비스 대상자와 서비스 내용 분석을 통하여 알 수 있는 결과는 문헌분석과 마찬가지이다. 사회복지법인이 운영하는 시설들은 정부가 위탁한 아동들을 수동적으로 보호·양육하고 있어서, 정부 공급을 대행하고 있음을 알 수 있다. 즉, 사회복지법인은 법정대상자를 중심으로 서비스를 제공하고 있어서 정부지배형적인 민간 기관의 특성을 보여주고

---

[24] 운영자 개인적으로 나이가 든 아동은 감당하기 힘들어서 초등학생 이하의 아동으로 한정하고 있다고 한다.

있다. 반면에 시민사회단체는 가출청소년이나 성폭력의 문제에 대하여 정부보다 먼저 문제 의식을 가지고 문제 해결을 시도하여 서비스를 제공하였다. 따라서 시민사회단체는 정부공급 서비스를 보완하거나 선도하는 기능을 보여주고 있으므로 정부·비영리동반자형에 가깝다. 마지막으로 미신고시설은 전형적으로 정부가 담당하지 못하는 대상층에게 정부 보호 서비스를 제공하고 있으면서도, 대상자 선정에 있어서 사회적 변화를 반영한 새로운 문제 계층을 대상자로 포괄하고 있고, 서비스의 내용도 실험적이고 새로운 프로그램을 함께 제공하고 있어서 비영리주도형이라고 할 수 있다.

4.2. 민간비영리부문 재정체계와 정부 지원금의 형태

4.2.1. 민간비영리부문의 재정구조와 정부 지원금 형태

우리나라 사회복지서비스 부문에 종사하고 있는 민간비영리조직들의 지출규모를 살펴보면, <표 4-8>에 보듯이 1997년에 총 약 10,570억 원을 지출한 것으로 추계되었다. 이러한 수치를 1997년 정부의 사회보장비 지출 중 공적 부조 9,268억 원, 사회복지서비스에 지출한 액수 10,137억 원과 비교하면, 비영리조직의 지출규모는 정부의 총 사회보장비 지출[25]보다 많이 사용되었다.

---

[25] 우리나라 정부의 사회복지서비스에 지출되는 비용을 엄격하게 계산하기 위해서는 공적부조 예산과 사회복지서비스 예산을 함께 고려하여야 한다. 이는 공적부조 예산이 거택보호와 시설보호로 나누어져, 사

<표 4-8> ICNPO분류[26]에 따른 비영리부문의 지출규모(1997년)

ICNPO분류 \ 지출	총지출 (10억 원)	구성비 (%)
오락 / 문화	374	1.7
교육 / 연구	9,780	44.5
의료 / 보건	4,978	22.6
사 회 복 지	1,057	4.8
시민사회단체(정치단체포함)	550	2.5
종 교	4,185	19.0
전문가단체(노동자단체포함)	1,079	4.9
합 계	22,003	100.0

출처: 박태규 (2002), "한국비영리부문의 규모추계와 구조", 「한국비영리
학회연구」 제1권, 제2호 p.19.

그러나 이들 비영리조직들의 재원구조를 살펴보면 수입원의 가
장 큰 부분을 차지하는 것이 정부 보조금이다. <표 4-9>는 한국
비영리부문의 수입구성비를 나타낸다. 한국의 사회복지서비스 부
문에서 활동하고 있는 비영리조직들의 수입원은 많은 경우 정부

회복지시설에 수용·보호되고 있는 대상자들의 생계비 지급을 공적부
조예산에 책정하기 때문이다.

[26] 이 분류는 미국의 존스홉킨스 대학에서 주관하는 "비영리부문 추계에
관한 비교연구"에서 사용하는 민간비영리부문의 분류체계이다. 이 분
류체계는 각국의 비영리부문을 비교 가능하게 하기 위하여 살라몬과
안하이어가 UN의 International Standard Industrial Classification(ISIC)에
의거하여 만들어졌다. 분류의 기초를 경제활동에 두었으며 주요 분석
단위는 총조직보다 개별 법인체로 하여 만든 분류 기준이다.

로부터의 사업이나 경영위탁, 혹은 정부지원을 통한 활동이어서 공공부문이 재원의 67.9%라는 절대적 비중을 차지하고 있다. 사회복지분야의 나머지 수입은 민간기부 혹은 민간회비가 16.5%, 이용료로가 15.7%씩을 차지하고 있는 것으로 추정되었다[27]. 그러나 시민사회단체의 경우는 재원의 구성이 달랐다. 민간회비나 요금이 차지하는 비중이 66.7%로 가장 높았고, 정부 의존도는 16.6%로 별로 높지 않았다.

<표 4-9>는 비영리부문의 수입구조를 살펴본 것이다. 표에서 보면 사회복지서비스 비영리부문과 시민사회단체의 재정구조 비교에서 가장 두드러진 차이점은 정부재정 의존도이다. 사회복지서비스 부문에서 활동하는 단체들의 정부 재정의존도가 67.9%인데 비하여 시민사회단체는 16.6%로, 사회복지기관이나 단체들의 정부재정의존도가 시민사회단체보다 약4배 정도나 높았다. 이 조사에서 활용된 사회복지서비스부문의 재정추계는 우리나라의 가장 대표적 시설의 형태인 사회복지수용시설과 사회복지관의 재정을 추계한 것이므로, 이 수치를 사회복지법인의 재원구조로 보아도 커다란 차이가 없다. 왜냐하면 1997년 사회복지사업법이 개정되기 이전까지 수용시설과 사회복지관을 운영하기 위해서는 사회복지법인을 설립하여야 하는 것이 필수 조건이었기 때문이다.

---

[27] 사회복지서비스 이용료 비율이 높은 것은 이용시설의 영향이 큰 것 같다. 생활시설의 경우에는 서비스 사용료를 내는 프로그램이 거의 없다.

<표 4-9> ICNPO 분류에 따른 비영리부문의 수입규모와
수입원(1997 현재)

(단위%)

ICNPO 분류 (재원구분)	공공부문 수입		민간기부		민간회비 및 요금	
	총수입 대비 구성비	자원봉사 포함 구성비	총수입 대비 구성비	자원봉사 포함 구성비	총수입 대비 구성비	자원봉사 포함 구성비
오락/문화	25.41	19.8	8.5	28.6	66.1	51.5
교육/연구	15.1	15.0	4.9	5.3	80.0	79.7
의료/보건	39.1	35.6	-	8.9	60.9	55.5
사회복지	67.9	38.9	16.5	52.1	15.8	9.0
시민단체*	16.6	6.9	16.7	65.3	66.7	27.8
종교단체	-	-	-	22.0	100.0	78.0
전문가단체**	-	-	-	0.3	100.0	99.7
합 계[주1]	19.7	17.1	3.5	16.4	76.8	66.6

출처: 박태규 (2002), "한국비영리부문의 규모추계와 구조", 「한국비영리
학회연구」 제1권, 제2호 p.25.
[주1]: 각 수입원의 총계와 전체 수입에서 차지하는 구성비를 나타낸다.
* 정치단체를 포함한다.
** 노동단체를 포함한다.

이와 같이 비영리부문 중 사회복지법인의 재정구조에서 정부의
존도가 높게 나타나는 것은 정부의 책임사업을 사회복지법인이
위임받아 대행하고 있기 때문인 것으로 보인다. 사회복지생활시
설의 경우 생활보호대상자로서 국가의 보호가 요구되는 대상을
'위탁'의 방식으로 비영리조직이 운영하는 시설에 입소 시키고,
이에 소요되는 비용과 종사자 인건비, 시설운영비를 지원하고 있

다. 또한 사회복지관의 경우 비영리조직에게 '복지관의 운영위탁'을 의뢰하고, 운영에 소요되는 경비를 정부가 지원하고 있다. 따라서 사회복지법인에 지원되는 정부의 지원금은 정부 부담금의 성격을 가지고 있다.

정부 부담금이란 정부의 책임사업을 대행하는 조건으로 정부가 사회복지법인에 지원하는 재원을 의미한다. 부담금은 본래 그 지출하는 기관이나 단체에 속하는 사업을 다른 기관 또는 단체가 수행할 때, 그 책임 있는 단체가 자기의 책임분을 부담한다는 뜻으로 자기의 비용을 교부하는 것을 말한다(김만두, 1985:145). 부담금을 우리나라 시설에 적용시키면, 시설 보호대상자의 경우는 생활보호대상자로서 국가의 보호가 요구되는 대상을 '위탁'의 방식으로 민간사회복지법인이 운영하는 시설에 입소 시키고, 이를 매개로 법인은 대상자에게 서비스를 제공하기 위해 조치권자인 국가로부터 그 비용을 받을 수 있도록 하고 있다.

이에 반해 보조금은 장려 또는 원조적인 의미를 가지고 있다. 우리나라는 보조금 관리의 근거법인 '보조금 관리법' 제2조에서 보조금의 정의를 '국가 외의 자가 행하는 사무 또는 사업에 대하여 국가가 이를 조성하거나 재정상의 지원을 하기 위하여 교부하는 보조금, 부담금, 기타 반대급부를 받지 아니하고 교부하는 급부금으로서 대통령령이 정하는 것을 말한다'고 규정하고 있다. 또한 '지방자치단체에 관한 것과 기타 법인 또는 개인의 시설자금이나 운영자금에 대한 것으로 한한다'고 규정하고 있다.

그러므로 현재의 사회복지법인에 대한 정부의 지원금은 지원액수의 많고 적음을 떠나서 정부의 사회복지에 대한 국가 책임의 수행이라는 의미로 보조금이 지원되고 있다.

위에서 잠깐 언급한 것처럼 사회복지생활시설에 대한 정부의 지원은 다음과 같은 방식으로 이루어진다. 생활보호대상자로서 국가의 보호가 요구되는 대상을 '위탁'의 형태로 사회복지법인이 운영하는 시설에 입소 시키고, 이에 대한 반대 급부로 정부는 소요되는 경비를 지원하고 있다. 정부의 지원금의 내용을 좀더 세부적으로 살펴보면, 예를 들어 아동복지시설을 운영하는 법인에 대하여 정부가 보조하는 내용이 어떤 것인지를 보건복지부의 「아동복지사업보조금 안내 지침」과 서울시 「아동복지사업지침」을 통하여 살펴보면[28], 아동의 양육 · 보호에 드는 직접 생계비와 이들을 돌보는 인력에 드는 종사자의 인건비를 포함한 시설의 운영비가 지원되고 있다.

아동의 양육 · 보호에 드는 직접적인 비용은 <표 4-10>에서 나타나는 것처럼 시설수용자의 생계비, 의료 보호비, 그리고 중학생과 실업계 고교생의 수업료 및 입학금인 생활 보호비가 지급되고 있다. 위생대와 유아급식비를 제외한 생계보호비용과 일반보호비용은 월 1인당 기준으로 산정되고 있고, 그 외 일반보호 비용은 1인당/연 필요한 액수가 산정되어 지원되고 있다.

또한 정부가 아동복지시설에 지원하는 인력의 인건비와 시설관리운영비는 <표 4-11>과 같다. 종사자의 인건비는 시설 수용아동의 수에 따라 '사회복지시설 직원인건비 보조지침' 의하여 각기 차등적으로 직종별, 호봉별 월 봉금액과 기말수당, 정근수당, 체력단련비, 명절휴가비를 포함한 상여금, 의료보험료, 국민연금, 그리고 종사자 수당으로 가계보조비, 장기근속수당, 가족수당, 교통비, 급식비와 직무수당이 지급되고 있다. 그 외 시설의 공과금을 포함한 시설 관리운영비를 매해 정부가 산정하여 지급하고 있으

---

[28] 서울시의 경우만 국고와 지방자치단체의 분담률이 50:50이고, 그 외의 지방은 국고와 지방자치단체의 비율이 80:20이다.

며, 시설의 증·개축, 신축비와 시설의 장비보장비는 전액 지원하
고 있다.

이러한 정부보조금은 중앙정부와 지방정부가 나누어서 부담하
고 있는데 서울시의 경우만 중앙정부와 지방정부가 50:50 비율로
재정책임을 분담하고 있으며, 타 시·도는 재정자립도를 불문하고
중앙정부와 지방정부가 80:20으로 나누어 부담하고 있다. 단 시설
의 증축·개축·신축비의 경우는 국가와 지방자치단체가 전국 모두
50:50으로 분담하고 있다.

<표 4-10> 시설아동의 보호기준(1999년)

지원내용		시설아동보호비용
생계 보호	주식비 (인/월)	28,278원
	부식비(인/월)	1,514원
	연료비(인/일)	85원
	피복비(인/년)	107,717원
	월동대책비(인/년)	-
	장제비(구당)	500,000원
교육 보호	중학생수업료 및 입학금	414,400~451,000
	고교생수업료 및 입학금	265,700~850,300
의료보호 (월환가액(인/월))		1종 보호(128,000원)
일반 보호	초등학생학용품비(인/년)	25,000원
	중학생학용품비(인/년)	30,000원
	고고생학용품비(인/년)	35,000원
	영양급식비 (인/일)	-
	육아분유급식비	600원
	육아특별간식비(인/일)	600원
	중·고생교통비(인/년)	120,000원(240일 X 500원)
	이·미용비(육아)(인/년)	20,000원
	위생대(영아)(인/월)	3,000원(여자 중, 고교생)
	교복비 (인/년)	
	-중학생	90,000원
	-고등학생	110,000원
	운동화(인/년)	25,000원
	부교재 및 교양도서비(인/년)	100,000원(중, 고생)
	의약품비(인/년)	2,500원
환 가 액 (인/월)		37,711원
총환가액(인/월)		165,711원

출처: 보건복지부, 보육아동과, 「1999아동복지사업 보조금 집행안내」,
　　　1999. 1.

<표 4-11> 아동복지시설의 종사자 인건비와 시설관리 운영비 국고
지원기준

구 분	직종별	국고지원기준
인건비	시설장	1인
	총 무	1인
	상담원	일시 보호시설당 1인
	보육사	영아 5인당 1인
		육아 12인당 1인
		직보, 교호 30인당 1인
		자립, 전용 시설당 1인(관리인)
	생활지도원	직보, 교호시설당 1인
		육아 70인당 1인 이상 시설 1인
	직업훈련교사	직보, 교호시설아동 35인당 1인
	취사부	시설당 1인(전용, 자립시설제외)
	세탁부	영아 40인당 시설당 1인
	경비원	교호시설당 24인
시설 관리 운영비	공공요금(인/년)	23,000원
	수용비(인/년)	27,000원
	차량유지비(대/년)	1,843,000원
	난방연료비	
	영아시설	180일, 80370(4인/일 1,786원)
	육아시설	150일, 66,975원(4인/일 1,786원)
	건물유지비	
	5년 이하	554원
	10년 이하	1,036원
	15년 이하	1,362원
	20년 이하	1,615원
	25년 이하	1,844원
	25년 이상	2,027원
	화재보험료(시설/년)	200,000원
	환경부담금(평/년)	850원

출처: 보건복지부, 보육아동과, 1999아동복지사업 보조금 집행안내, 1999. 1.

이와 같은 분석을 통하여 볼 때 우리나라 사회복지법인은 정부
지원금의 비율도 높고, 정부지원금의 방식도 규정된 사업들에 대
하여 입소자 1이당 생계비용, 종사자 인건비, 공공시설관리비 등
에 대한 구체적인 항목들을 기준으로 지급하는 범주별 보조금이
지배적으로 사용되고 있다. 따라서 사회복지법인은 재정사용에
있어 자율성이 거의 없는 정부지배형에 속함을 알 수 있다.

미신고시설은 전체의 수와 재원의 크기를 정확하게 알 수 없지만
정부가 조사한 미신고시설을 대상으로 살펴본 수입원의 크기와 구성
비는 <표 4-12>[29]와 같다. 표에서 보듯이 미신고시설에서 민간기부
와 수입이 각각 재정의 38.8%와 53.4%를 차지하고 있다. 민간기
부는 주로 종교기관과 개인이 기부하는 것이고, 정부보조는 수용
대상자 중 생활보호대상자들이 정부로부터 지급 받는 생계비이다[30].
미신고시설은 정부에 대한 재정의존도가 7.8%로 아주 낮다.

---

[29] 1995년 정부가 파악한 미인가시설 293개소를 대상으로 한 보건사회연
구원의 조사 결과이다.

[30] 1996년 김영모가 전국의 비인가시설 295개를 대상으로 한 설문조사
결과 비인가시설에 대한 주 지원기관은 종교단체와 개인인 것으로 드
러났다. 김영모(2000), 「빈곤·가족해체·시설보호」, 중앙대학교출판부,
243쪽.

126

<표 4-12> 미인가시설의 수입규모와 수입원천별 구성비

(단위: 만원, %)

구 분	평균수입 규모	계	자체 수입	정부 보조	민간기부		기타 잡수입
					외원보조	민간보조	
액 수 구성비	4,550만원	100.0	32.9	7.8	13.2	25.6	20.5

출처: 변용찬 (1996), "무허가 사회복지시설 신고제의 과제", 서울복지포럼, 서울시사회복지협의회, 7쪽.

이와 같은 분석들을 종합하여 볼 때 사회복지법인의 정부 재원 의존도가 가장 높았고, 시민사회단체와 미신고시설의 정부 재정 의존율은 상대적으로 낮았다. 시민사회단체가 미신고시설보다는 조금 높은 정부 의존도를 보여주고 있지만 사회복지법인에 비교하여 볼 때는 시민단체의 정부의존도는 매우 낮은 것이었다.

사회복지법인은 정부의 책임에 속하는 사업을 '위탁' 받고 이에 소요되는 경비를 사업 내용의 구체적인 항목에 따라 지원을 받는 범주적 보조금 형태가 지배적인 유형이어서 재정체계에서 사회복지법인은 정부와의 정부 지배적인 협력관계의 특성을 보여주고 있다.

그러나 시민사회단체가 운영하는 시설이나 미인가시설의 경우에는 시설의 형태가 아직 법적인 근거가 마련되지 않아서 사회복지법인과 같이 정부의 지원형태에 대한 구체적인 분석의 자료가 부족하다. 따라서 다음의 절에서 6개 사례기관을 중심으로 재원체계와 정부의 지원방식의 형태를 구체적으로 분석하여 시민단체와 미신고시설의 특성을 살펴보기로 한다.

4.2.2. 민간비영리주체들의 재원체계와 정부 지원금의 형태에 대한 사례연구

1) 사회복지법인이 운영하는 아동육아시설 '가', '나'

'가' 아동육아시설의 수입원의 구조는 아래의 <표 4-13>과 같다. 표에서 보듯이 총 수입액 중 민간기부는 6.3%~9.8%, 정부보조가 약 80% 내외, 법인보조금이 6.5%~9.5%로 재원의 대부분을 정부 보조금에 의존하고 있다.

<표 4-13> '가' 아동육아시설의 재원구조와 크기

(단위: 만원)

구분 연도	법인 지원	정부 보조	민간 개인 기부	민간 단체 기부	이자 수입	이월 금	합 계
1998 결산	3,000 (6.5)	36,620 (80.0)	2,324 (5.1)	2,134 (4.7)	46 (0.1)	1,754 (3.8)	45,878 (100.0)
1999 결산	6,314 (9.5)	55,060 (82.8)	2,125 (3.2)	2,063 (3.1)	64 (0.1)	879 (1.3)	66,506 (100.0)

'가' 시설 재원의 80%를 차지하는 정부보조금은 <표 4-10>과 <표 4-11>에서 나타난 것처럼 정부의 지급 항목과 기준에 따라 위탁 보호에 드는 종사자 인건비와 아동의 보호·양육·교육에 사용되는 비용, 그리고 시설의 운영에 사용되는 비용이었다. 이 보조금은

국고와 시비가 50:50의 비율로 구성되어 있고[31], 시비는 서울시의 아동복지 사업규정에 따라 지원되는 것으로 정부보조와 마찬가지로 시설에 수용되는 아동의 인원 당 양육비와 교육비, 종사자 인건비, 운영비등으로 구성되어 있다.

'가' 시설은 생활 아동의 보호, 양육을 위하여 15명의 종사자가 근무하고 있다. <표 4-14>에서 보듯이 각 종사자는 시설장, 총무를 비롯하여 생활지도사, 보육사, 상담사, 안전관리사, 간호사 등으로 구성되어 있다. 그리고 이들 중 시설장, 총무, 생활지도사, 보육사, 안전관리사, 간호사 등의 구성과 수는 법정 규정과 정부 보조금이 지원하는 종사자 인원 규정에 따른 것이다. 상담가 2명은 '가' 시설의 법인이 인건비를 부담하여 추가적으로 고용한 인력이다. 최근 사회복지사업법 및 아동복지법의 개정으로 발생하고 있는 아동복지서비스의 다양화에 발맞추고, 점차 줄어들고 있는 요보호아동의 수로 인하여 '가' 시설이 직면하게 될 문제를 다른 시설들보다 한발 앞서서 대비하기 위하여 '가' 법인이 추가로 재정부담을 하여 고용한 종사자들이다. 정부 지침에 규정되지 않았거나 규정을 넘어서 인력이 필요하면 법인이 자력으로 보충하여야 한다.

---

[31] 지방은 국고와 지방비의 비율이 80:20이다.

<표 4-14> '가' 시설의 종사자의 구조

(단위: 명)

시설장	총 무	생활지도사	보육사	상담사	안전관리사	간호사	합 계
1	1	1	6	2	1	1	15

　'가' 시설의 민간기부는 약 6%~9%으로 민간단체지원금과 개인 기부금으로 나눌 수 있다. 민간단체지원금은 기업체나 다른 단체들이 순수한 목적으로 지원하는 것뿐 아니라 한국복지재단과 선명회가 정부로부터 허가를 받아서 실시하고 있는 아동결연사업의 후원금이 포함되어 있다. 그리고 법인 지원금 3000만원과 6,314만원에는 시설에 대한 법인의 순수한 재단 전입금과 개인이나 단체가 법인에 기부하는 민간기부금이 상당히 포함되어 있는 것을 고려한다면 이 기관 재원에서 민간기부가 차지하는 실제 액수나 비율은 훨씬 높을 것으로 추정된다[32]. 사실 우리나라 시설의 민간기부액을 정확하게 추정하는데는 어려움이 있다. 이는 민간 기부

---

[32] 사회복지법인은 법인이 운영하고 있는 시설의 운영 재원의 20%를 부담해야 하는 법정부담금 제도가 2-3년 전까지 있었다. 이는 정부가 사회복지시설을 운영하는 사회복지법인을 허가할 때의 조건으로 사회복지사업의 공익성을 강화하기 위한 조치였지만, 실제로 사회복지법인 중에서 법정부담금을 부담할 수 있는 능력을 가진 법인들이 별로 없었다. 그래서 많은 법인들이 시설에 대한 지원금이나 후원금을 법인이 받아서 다시 시설의 운영비로 전입하였다. 2-3년 전에 현실적인 법인과 시설의 현실적인 여건이 반영되어 생활시설의 법인부담금제도가 폐지되었으나, 그 때의 관행이 여전히 지속되고 있다. 사회복지관의 법인부담금제도만이 현재 남아 있다. 그리고 이러한 문제는 기부하는 일반 사람들이 시설과 법인의 구분을 잘 알지 못하기 때문이기도 했다.

금이 현금 기부만을 나타내고 있기 때문이다. 일반적으로 시설과 법인의 회계 규칙에 따르면 후원금과 물품은 관리를 따로 하도록 되어 있다. 따라서 기부 물품의 경우 물품 대장에 기록만 하면 되기 때문에 현금 기부로 환산이 되지 않는다. 그래서 이 기관의 1998년의 현물 기부품을 시장 가격으로 대략 환산하여 보았더니 2,774만원에 해당하여 거의 현금기부 액수와 동일하였다. 현물기부까지 포함하면 '가' 시설의 재원구조에서 민간부문이 차지하는 비율이 2배로 증가하게 된다.

또한 여기에 계산되지 않은 자원봉사를 비용으로 환산하게 되면 민간부문의 재정비율은 더욱 커지게 된다. 이 시설은 7개의 소숙사마다 친교자원봉사팀이 연결되고 있고, 시설의 학년별로 친교자원 봉사자팀이 연결되어 있다. 친교자원 봉사자팀의 활동은 순수하게 매월 1~ 2회 정기적으로 방문하여 아동들을 데리고 백화점 혹은 놀이 동산에 가거나, 외식을 하는 등 사회적응프로그램을 중심으로 활동하고 있다. 자원봉사팀들은 사회적응프로그램 1회에 평균 25만원~30만원의 비용을 사용하고 있는 것으로 응답하였다. 따라서 이와 같은 요소들을 모두 고려하여 민간기부금을 추정하면 '가' 시설의 민간재원의 비율은 실제로 <표 4-13>에서 보여지는 것보다 훨씬 크다고 보아야 한다.

'가' 시설은 현재 육아시설[33]만 운영하고 있어서 서비스 이용료가 없지만 앞으로 아동복지센터로 시설명을 전환하여 학대아동일시 보호서비스와 같은 프로그램을 제공하게 되면 실비의 이용료

---

[33] 1999년 아동복지법의 개정으로 보육시설에서 양육시설로 시설의 명이 바뀌었다. 개정 아동복지법은 종래와는 달리 아동일시보호소나 단기보호소, 아동학대방지사업에 대한 강조와 그룹홈 등 시설의 종류를 다양화하였다.

도 받을 계획이어서 서비스 이용료 수입도 생길 전망이다.

이상에서 살펴본 '가' 시설의 재원구조와 정부의 보조금 형태를 요약하면, 이 시설은 정부의 위탁 보조금에 전적으로 의존하고 있으며, 이 보조금의 구성은 보건복지부와 서울시의 아동복지사업 지침에 규정된 시설 보호 사업의 단위당 서비스 비용과 위탁 보호인원, 그리고 이를 보호할 종사자 인건비, 시설 운영비가 일정하게 제공되는 범주적 보조금(categorical grant)의 형태라고 볼 수 있다.

'나'종교사회복지재단법인 운영하는 '나' 육아시설의 재원 구성은 아래 <표 4-15>와 같이 재단보조금 20%~26%, 정부보조금 66%~73%, 민간 후원금 5%로 구성되어 있다. 이 시설의 경우 개인 법인이 운영하는 '가' 시설과 비교하여 볼 때 법인보조금의 구성비가 높고 민간지원금의 비율이 낮다.

<표 4-15> '나' 아동육아시설 재원구성과 크기

(단위: 만원)

구분 연도	법인보조금	정부보조금	후원금	이월금 및 기타	합 계
1998년 결산	20,544 (26%)	51,149 (66%)	4,465 (5%)	22,73 (3%)	78,431 (100%)
1999년 예산	21,543 (26%)	54,963 (66%)	4,500 (5%)	2,364 (3%)	83,270 (100%)
2000년 예산	21,000 (20%)	79,084 (73%)	5,277 (5%)	2,280 (2%)	107,641 (100%)

'가' 시설과 마찬가지로 '나' 시설도 정부보조금이 재원의 가장

큰 부분을 차지하고 있다. 정부 보조금의 구성은 '가' 시설에 대한 지원과 마찬가지로 아동의 위탁양육에 드는 비용, 아동의 생계비, 종사자 인건비, 그리고 시설의 운영비를 국고와 시비 50:50로 지원 받고 있다.

<표 4-16>은 '나' 시설의 종사자 구조인데 '가' 시설과는 차이가 있다. 아동복지사업지침 규정에 따른 종사자의 인원 구성은 이 시설의 보호아동이 83으로 '가'시설 보다 아동수가 10명정도 많기 때문에 보육사의 수에 있어서만 1명이 더 추가되어야 한다. 그러나 앞의 표<표 4-14>와 <표 4-16>을 비교하여 보면 알 수 있듯이 종사자 인원구조에서 '나'시설이 보육사 1인, 회계직원 1인, 취사직원1인, 세탁직원 1인을 더 고용하고 있음을 알 수 있다. 이는 '나' 시설의 법인보조금 비율과 '가' 시설의 법인보조금 비율의 차이로 설명가능하다. 즉 '나' 시설의 법인이 더 질 좋은 양육, 보호서비스 제공을 위하여 정부 지침에 규정되지 않은 종사자를 고용하도록 법인 보조금을 늘려서 제공하고 있기 때문이다.

<표 4-16> '나' 아동육아시설의 종사자 구조

(단위: 명)

시설장	총 무	생활지도사	간호사	보육사	회계	관리인	취사	세탁	합계
1	1	1	1	8	1	1	2	1	17

그러나 '나' 시설의 법인 보조금이 '가' 시설보다 많은 것은 순수한 재단 수익금 및 이익금의 이전이 많은 것이 아니라 법인으로 들어오는 민간기부금이 많아서이다. '나' 시설의 총 결연후원자 수는 약 1,170명 정도인데 이 중 약 800명의 일반 후원자들은

시설이 아니라 법인에서 관리하고 있고, 이 법인이 '가' 법인과는 다르게 법인사무처를 독립적으로 두고 일반 후원금을 받아서 다시 시설로 지원하고 있다. 이 후원금의 액수가 약 8,000만원 정도가 되고, 재단 보조금에 포함되어 있다. 그래서 재단 전입금이 '가' 시설과 차이가 난다.

또한 '나' 시설이 '가' 시설과 재원구조에서 차이가 나는 부분이 민간기부금 항목이다. '나'시설의 민간기부금은 약 5% 내외이다. 이는 전국의 모든 아동복지시설에 결연후원금으로 지원하고 있는 한국복지재단과 선명회의 결연후원금을 '가'시설은 민간기부금으로 책정하고 있는데 반하여, '나' 시설은 이 지원금을 개별 아동의 후원사업으로 결연아동에게 직접 지급되도록 하여서 시설의 운영 예산으로 잡히지 않기 때문이다[34]. 그리고 민간기부금 항목은 '가' 시설과 마찬가지로 현물 기부액이 포함되어 있지 않다. 이 시설의 현물 기부액은 1999년도의 시장단가로 약 6,000만원 정도였다.

결국 '나' 시설도 '가' 시설과 마찬가지로 재정은 정부의 위탁 보조금에 전적으로 의존하고 있다. 위탁 지원금의 내용은 정부 및 서울시가 정한 아동복지사업 지침에 규정된 시설 보호 사업의 단위당 서비스 비용과 위탁 보호인원, 그리고 이를 보호할 종사자 인건비, 시설 운영비가 일정하게 제공되고 있다. 따라서 사회복지 법인이 운영하는 시설은 범주적 보조금(categorical grant)의 형태로 정부로부터 보조금을 지원받고 있다.

---

[34] 총무와의 면접 내용에 의하며 이와 같은 점들이 '나' 시설이 다른 시설들과 차이가 나는 점이라고 한다. 일반적으로 시설 예산에 한국복지재단과 선명회의 아동 결연후원금을 공식적 예산으로 책정하여 회계하는 곳도 있고, 자신의 기관처럼 아동들의 개별 통장으로 바로 지급하여 분리하는 경우도 있다고 한다. 그리고 법인에서 받는 많은 기부금들은, 받을 때 대부분 지정프로그램을 함께 받고 있다고 한다.

2) 시민사회단체가 운영하는 단기보호시설 쉼터 '다', '라'

'다' 청소년 쉼터의 1년 예산은 약 1억 정도이다[35]. 총 예산은 정부 보조금이 60%, 본관 전입금 30%, 민간단체의 사업별 지원기금 10%로 구성되어 있다.

60%의 정부보조금은 아직 청소년 쉼터가 법적인 근거가 없어서 그룹홈의 시범사업으로 중앙정부의 아동복지사업 지원금을 받고 있다. 그러나 그룹홈도 아직은 중앙정부에서 시범적으로 운영지원을 하고 있는 상황이어서, '가'와 '나' 시설과 같은 아동육아시설의 지원규정처럼 세부적인 서비스 내용과 단가에 따라 지원되는 것이 아니라 시설아동에게 지원하는 경비범위 내에서 아동에 대한 직접비(생계보호비, 학비 등)를 운영비로 지원 받고 있다. 아동복지사업지침에 규정된 그룹홈의 시범사업지원의 내용은 일괄적인 보호자 인건비(5명), 일괄적인 관리운영비(전 그룹홈이 1개월에 1,000천원), 시설아동에 지원하는 직접 경비, 생계보호비와 학비 등으로 구성되어 있고, 이러한 지원금을 일괄적으로 지원 받고 있어서 다소 포괄적 보조금의 성격이라고 볼 수 있다. 보호되는 청소년이나 아동의 수에 상관없이 일괄적인 보조금을 지원 받고 있다.

'다' 청소년 쉼터의 종사자는 아래 <표 4-17>에서 보는 것과 같이 총 5명이다. 수용 보호되는 청소년의 인원 대비 종사자의 수를

---

[35] 사업보고서 서류들은 준비된 것이 없었고, 사업의 내용에 대하여도 실장이 개인적으로 사업의 내용을 질문하는 사람들에게 소개하기 쉽도록 만든 것뿐이었다. 예산에 관한 사항을 질문 하였을 때도 정확한 예산액을 밝히기를 꺼려하였는데 이는 준비된 것이 없어서 그런 것인지 아니면 원래 예산을 밝히기를 꺼려 하는 것인지 알 수 없었다. 조금 귀찮다 싶을 정도로 묻고서야 대충의 액수를 이야기하여 주었다.

비교하면 사회복지법인이 운영하는 시설보다 질적으로 우수한 서비스를 제공하는 것이 가능하다.

<표 4-17> '다' 청소년 쉼터의 종사자 구조

(단위: 명)

실 장	사회복지사	상담심리사	조리인	합 계
1	2	1	1	5

그리고 단기 보호되는 아동의 양육과 상담, '가출 청소년 찾아나서기' 등의 프로그램을 위하여 전문 자원봉사자를 활용하여 전문 종사자의 인력을 보충하고 있다. 시설의 현 자원봉사자수는 약 30명으로 청소년 쉼터의 핵심적 프로그램 2개에 분산되어 있다. 일시 보호 대상 청소년들의 생활지도 프로그램에 참여하고 있는 자원봉사자는 보호 대상자들을 위한 집단프로그램의 진행과 가출 예방을 위한 거리이동상담 업무를 담당하고 있다. 특히 이 상담 자원봉사자는 '다' 본관 상담실의 「자원상담수칙」이라는 자격요건을 충족시키는 사람 만으로 한정하고 있다. 따라서 상담 자원봉사자는 최소한 전문가 수준까지는 아니지만 상담 관련자나 상담 경험이 있는 사람들, 또는 관련학과 전공자, '다' 본관 내의 교육[36] 중에서 최소 중급을 이수한 사람들로 한정되고 있다. 또한 자원봉사 상담가들이 자격을 갖추고 있더라도 상담을 위한 까다로운 규정 절차를 따르도록 요구하고 있다. 청소년들이 문제를 갖고 쉼터로 오기 때문에 쉼터에서 직접적인 개별 대면 상담은 최소한 3개

---

[36] '다' 기관의 상담자 교육 프로그램은 초급, 중급, 고급으로 구분되어 실시되고 있다.

월 이상의 집단상담을 시행한 후에 허락되고 있다.

기타 보호되고 있는 아이들의 집단활동을 맡고 있는 자원봉사자도 미술치료나 종이 접기 강사 등 특별 집단프로그램을 수행할 수 있는 사람들이다. 현 자원봉사자는 약 50%가 대학 또는 대학원생이고 나머지 50%는 가정 주부이다. 이 시설은 청소년 쉼터의 전 사업을 위하여 부족한 인력부분은 최대한 자원봉사자를 활용하여 프로그램을 운영하고 있다.

결국 이 시설에 대한 정부의 지원은 사회복지법인이 운영하는 시설과 같이 입소자를 위탁하는 형태가 아니라 프로그램에 대한 지원사업이다. 따라서 위탁과 같이 대상자를 정부가 결정하는 것ㅎ이 아니라 시설이 자유롭게 선정하다. 또한 정부 보조금의 내용도 일괄적으로 운영비를 지원하고 있어서 사회복지법인이 운영하는 시설보다는 비용 사용에 있어서 융통성과 자율성이 높은 반면에 청소년의 양육·보호에 드는 직접적 경비 및 시설 운영비가 실제적으로 매우 부족한 상황이다.

그래서 보호 청소년의 용돈이나 의복구입비 등의 비용, 기타시설 운영에 드는 비용, 그리고 '가출 청소년 찾아 나서기' 프로그램의 운영을 위하여 시설의 민간 재원이 중요한 역할을 하고 있다.

본관의 지원금은 30%로 민간 기금의 대부분을 차지한다. 본관의 지원금은 본관이 운영하고 있는 몇 가지의 수익사업으로부터 발생하는 이익금 중 일부를 청소년 쉼터에 보조하고 있는 것이고, 민간단체지원금은 모 그룹의 복지재단으로부터 받고 있는 지원금이다.

이 시설 설립초기에는 전혀 정부의 지원 없이 민간재원 100%로 운영되었다. 그러나 최근에 개별후원자 개발에 어려움을 겪고 있다. 1999년부터 개인 후원사업을 시작하였는데, 가출 청소년에

대한 일반 대중들의 인식이 좋지 않아서 후원사업에 강한 거부감
을 보이고 있으며, 다른 일부의 사람들은 오히려 쉼터가 가출을
조장한다고 비난하여 개인 후원금의 개발에 어려움을 겪고 있다.
그래서 1999년과 2000년 상반기를 총괄하여 개별 후원금은 약
200만원에 그쳤다.

   그러나 개인 후원자 개발이 어려움을 겪고 있는 것과는 반대로
단기의 기금모금 행사는 성공하고 있다. 현재 임대한 청소년 쉼터
건물을 매입하기 위하여 청소년쉼터 건립자금 모금 행사를 1998
년 9월 21일~12월 31일 동안에 대대적으로 개최하였다. 이 기간
동안 자선콘서트와 '사랑의 열쇠고리' 판매로 단기간에 건립기금
을 마련하였다.

   이를 통하여 볼 때 시민사회단체는 사회복지법인의 시설보다
민간 기금 모금을 중요하게 생각하고 있으며, 모금을 위한 다양한
전략 개발에 노력하고 있다.

   결국 청소년 쉼터는 재정에 있어 사회복지법인의 시설보다 민
간기금에 의존하는 비율이 높은데 반하여 대상자 선정에 있어서
자유롭다. 그리고 정부 보조금의 형태도 시설 운영에 드는 일부
비용을 일괄적으로 지원 받고 있어 비용 사용에 있어 자율성이
높다고 하겠다.

   '라' 성폭력 피해자를 위한 쉼터는 정확한 예산을 밝히기를 꺼
려하여 한해 예산을 정확하게 알 수 없었지만[37], '다' 청소년쉼터
와 마찬가지로 시설 예산의 약 40% 정도는 민간의 후원금과 후원
물품으로 이루어지고, 나머지 60%가 보건복지부와 서울시로부터
지원되는 정부 보조금이었다.

   성폭력보호시설에 대한 정부의 보조금 구성은 국고와 지방비

---

[37] 예산에 관한 자료를 볼 수 있기를 요청하였으나 공개하기를 꺼렸다.

138

50:50 이다. 정부 지원은 정부의 그룹홈 지원 규칙에 준하여 3명의 종사자 인건비와 시설 운영비가 일괄적으로 지원되고 있어서, '다' 청소년쉼터의 정부 보조금과 같은 형태라고 볼 수 있다.

현재 종사자는 시설장, 부장, 주간간사, 야간간사 등 총 4명으로, 모두가 여성계 출신이고 사회복지전공자는 없다. '다' 시설과 마찬가지로 입소자를 기관이 자유롭게 받아 들이고, 시설 운영비를 일괄적으로 신청하여 지원 받기 때문에 아동육아시설들보다는 기관의 자율성이 있다. 그러나 다른 한편으로는 바로 이러한 점 때문에 입소자들의 교육에서 학비나 용돈과 같은 비용과 시설 운영을 위해서 민간기금의 필요성이 절대적이다[38].

서비스 내용도 아동육아시설과는 다르게 보호, 양육의 목적뿐만이 아니라 치료를 위한 여러 가지 다양한 프로그램을 진행하고 있다. '다' 시설과 마찬가지로 프로그램의 진행을 위하여 부족한 인력을 전문 자원봉사자로 보충하고 있다. 2000년 현재 쉼터의 자원봉사자는 총 16명이 있다. 자원봉사자들은 상담활동이나 학습프로그램, 그 외 원예 및 미술 프로그램과 같은 특수프로그램들을 진행하고 있다. 현재 9명의 여자 청소년이 보호되고 있는데, 보호여성 1명당 자원봉사자 상담원 1명이 배정되어 있다. 그 외에 방과 후 학습프로그램을 담당하는 자원봉사자가 4명, 원예프로그램, 미술치료프로그램 등을 담당하고 있는 자원봉사자가 4명 있다. 그리고 쉼터 자체의 독립된 자문위원은 아니지만 '라' 시민사회단체의 법률가와 의사들로 구성된 자문위원 60명이 자원봉사활동을 하고 있다. 이는 쉼터나 '라' 시민사회단체를 찾는 성폭행 피해 여성의 40% 이상이 고소를 하고 있어서 변호사와 의사들의 전문적 도움이 절대적으로 필요로 하고 있다. 이 자문위원들이 성폭력 피

---

[38] 부장의 설명에 의하면 절대적으로 정부의 지원이 부족하다고 한다.

해를 당한 여성에게 법률적인 도움, 그리고 의료적인 도움을 주고
있다. 대부분의 법인 자문위원들은 자원봉사이다. 그러나 피해자
가 고소를 하기 위하여는 의학적인 진단이 필요하고, 이 경우 비
용이 많이 들어 열성적으로 참여하고 있는 자문위원들에게 상담
소에서 의학적 진단을 위한 보험료 정도를 지불하고 있다.

결국 시설 운영과 수용 청소년을 돌보는 일은 쉼터의 종사자들
이 주로 하고, 필요한 상담이나 내담자에게 필요한 의학적, 법률
적인 전문적 도움은 자원봉사자나 자문위원으로 충당하고 있다.

이 쉼터의 운영에 필요한 정부지원금의 부족분을 메우는데 중
요한 역할을 하고 있는 것이 민간 기부금이다. 그러나 엄격히 말
하면 쉼터의 민간기부금의 대부분은 시설의 운영체인 '라' 기관으
로부터 지원되는 것이다. '라' 기관은 여성의 인권을 회복시킴으
로써 보다 평등하고 자유로운 사회를 만들려는 활동에 뜻을 같이
하는 사람들로 이루어진 회원단체로서, 회원들의 회비로 유지되
고 있다. 그러나 대부분의 민간 회원단체들이 그렇듯이 회비만으
로 기관의 운영이 어렵기 때문에 '라' 기관은 매해 최소 2회 '기
금모금 마련 행사'를 개최하고 있다. 이 행사에서 대체적으로 '라'
기관의 운영 기금을 확보하게 되고, 이 모금에서 쉼터의 부족한
예산이 지원되고 있다. 현재 쉼터는 임대한 건물을 사용하고 있는
데 이 임대료 역시 이러한 기금 모금 행사에서 벌어드인 기금에
서 충당되고 있다.

현재 성폭력상담소 재정의 60%가 정부보조금이어서 비교적 재
원의 정부의존도가 높은 편이지만 시설 개원 당시에는 정부 지원
없이 전적으로 기금 마련과 후원금과 같은 민간기금으로 운영되
었다.

따라서 이 쉼터는 현재 수입원의 가장 큰 부분을 차지하는 것

이 정부이지만 사회복지법인이 운영하는 시설보다는 정부의 재원 의존율이 낮고, 민간기금에 대한 의존율이 높다. 그리고 '다' 시설과 마찬가지로 정부 보조금 형태가 시설 운영비에 대한 일괄보조금이어서 사회복지법인이 운영하는 시설보다 비용 사용에 있어서 자율성과 유연성이 높다.

요약하면 시민사회단체가 운영하는 시설들은 사회복지법인이 운영하는 시설보다 정부 재정 의존도가 낮고 민간재원에 대한 의존율이 높다. 반면에 대상자의 선정이라던가 프로그램의 세부적 운영에 있어서는 상대적으로 자율성을 상당히 유지하고 있다. 비록 재원의 구성비에 있어서는 정부부문이 사회복지법인의 시설과 마찬가지로 전체 비용 구성의 가장 큰 부분을 차지하고 있지만 보조금의 형태가 포괄적 보조금이어서 민간기과의 자율성과 유연성을 어느 정도 가질 수 있다. 따라서 재원구조와 정부지원금의 측면에서 보면 시민사회단체와 정부와의 관계는 비영리 동반자형에 가깝다.

3) 미인가 그룹홈 '마', '바'

'마' 그룹홈의 전체 예산은 전적으로 이 시설의 본부적 성격을 가지고 있는 'N' 시설에서 지원되고 있고, 'N' 시설의 수입원은 100% 민간단체 및 개인의 후원금으로 구성된다. 'N' 시설의 후원자는 회사 매출액의 1%를 지원하는 기업체, 직원들의 월급에서 일정액을 바로 기부하는 회사, 오천 원부터 시작되는 개인후원자 등으로 매우 다양하다. 'N' 기관의 민간 기부액은 'N'기관이 운영하고 있는 관련 다른 시설들에 비해서 절대적으로 크다[39].

---

[39] '마' 시설의 재원부분과 시설의 소속을 좀더 자세히 알기 위하여 봉천

'N' 기관은 'A' 종교유지재단의 사회선교파트가 운영하는 시설의 한 종류로서 조직 구조상으로 볼 때 '마' 시설과 동등한 동등하지만 실제로 사무국을 두고 있어서 'N' 관련 시설 전체에 법인사무국과 비슷한 역할을 하고 있다. '마' 시설은 매월 생활비를 책정하여 신청액과 전달의 지출액을 'N' 기관이 제공하는 양식으로 작성하여 보고하여 예산을 지원 받는다. 'N' 기관은 자활센터, 살림터, 청소년 쉼터, 장애인 센터와 '마' 그룹홈 등 몇 개의 시설들을 운영하고 있는데, 이 중에서 정부의 위탁사업으로 운영되고 있는 자활센터와 살림터, 청소년 쉼터를 제외하고 장애인 센터와 '마' 시설의 재원을 전적으로 'N' 기관이 지원하고 있다[40]. 또한 현재 '마' 시설이 사용하고 있는 건물도 임대가 아니라 'N' 기관이 소속된 종교재단의 지원을 포함한 민간의 자발적 기부금으로 마련한 건물기금으로 구매한 것이다. 그러나 조직 직제상으로 'N' 기관과 다른 시설, 센터들과의 관계는 동등하다. 따라서 '마' 시설과 'N' 기관은 'A'종교유지재단의 사회선교사업으로 기능적 분화에 의한 분리하고 볼 수 있다.

'마' 시설의 1년 예산은 종사자 인건비와 그룹홈 운영비로 구성되며 약 3,000만원 정도이고, 2000년 현재 시설 종사자는 2명이다.

동 'N' 시설의 사무국 간사와 면접을 하였는데, 정확하게 'N' 시설의 예산을 밝히기를 꺼려하였다. 질문자가 약 20-30억 정도 되는지를 질문 하였더니 상상에 맡긴다고 대답한 것으로 보아 상당한 정도의 민간기부를 받고 있는 것으로 보였다. 엄격하게 분류한다면 'N' 시설은 다른 센터들의 법인 혹은 본부와 같은 역할을 하고 있는 것으로 분석된다. 그러나 'N' 기관과 '마' 시설이나 다른 여러 센터들 간에 위계가 있는 것은 아니다. 수평적이나 기능에 있어서의 차이가 존재한다.

[40] 정부로부터 위탁사업을 하고 있는 센터만 독립적으로 재원을 운영하고, 그 외는 'N' 시설에 예산을 두고 공유한다.

142

실장 1명과 생활지도사 1명으로 공식적인 직분은 구분되어 있지만, 실질적으로는 내부에서 공히 간사로 불리면서 위계상의 차이는 없다[41]. 그러나 업부의 역할 분담은 명백하다. 실장의 위치에 있는 간사는 기관 운영(재정·행정·프로그램)에 대한 책임과 대외활동의 대표성, 상담 및 사례관리 업무를 수행하고, 생활지도사의 위치에 있는 간사는 아동들의 생활 및 안전, 교육 지도, 비공식적 상담, 집단프로그램 진행 등의 업무를 담당하고 있다. 그 외 입소 청소년의 학과지도와 프로그램 보조를 위하여 자원봉사자 16명을 활용하고 있다.

따라서 '마' 그룹홈은 사례 조사대상 민간비영리 사회복지조직 중에서 재원체계에서 민간기금 의존율이 100%이어서 기관의 자율성이 가장 높다. 이와 같은 자율성으로 인해 청소년 쉼터에서 보호 대상자의 욕구에 맞추어 장기 보호시설인 그룹홈으로 시설을 전환하는 것이 가능하였고 대상자 선정이나 프로그램 내용에

---

[41] 초창기 봉천동 '가' 시설도 조직구조가 갖추어져 있지 않았다. 빈곤한 지역사회의 특성을 고려하여 종교단체의 사회선교 공부방부터 시작하였다. 그러다가 청소년들의 약물이나 학대 받는 문제들을 해결하기 위하여 쉼터를 시작하였고, 노인가정이나 장애인가정을 도와주는 가정결연사업, 그리고 노인의 집이나 장기수 할아버지들의 만남의 집 사업, 자활지원센터, 노숙자 가정을 위한 살림터 등으로 사업을 확장하였다. 그러한 가운데 처음에 단순히 간사로 일하던 종사자들의 수가 현재는 전체 38명에 이르렀다. 이들 사업체 중에서 정부나 서울시의 위탁을 받는 사업체가 생기면서 직급과 부서체계를 만들어야 할 필요성이 생겼다. 그래서 밖으로 보고되는 것에는 직급을 만들지만 여전히 내부적으로는 간사로 동등하게 일하고 있다. 직급을 만들 때도 자율적으로 적는다. 봉천동 '가' 시설도 각 사업간의 연계를 위하여 2000년에 들어 사무국을 신설하고 사무국 직원 1명을 따로 보강하였다.

있어서도 제한이 없이 자유롭다[42].

개인이 운영하는 '바' 그룹홈은 한달 예산이 약 100만원 정도로 운영자가 직접 벌어들인 월급과 후원금, 보호 아동에 대한 정부의 생계비 보조금으로 구성되어 있다. 정부 보조금은 보호·양육하고 있는 아동 중 2명이 생활보호대상자이어서, 이 아동에게 지급되는 생계비 약 월40만원과 다른 한 명의 아동을 가정위탁 신청하여 받는 위탁 비용 월 6만 5천이다[43]. 따라서 '마' 그룹홈보다는 정부 지원에 대한 의존도가 높다고 할 수 있다. 그리고 후원금은 정규적으로 6~7명의 후원자가 보내주는 것으로, 후원자의 수는 적지만 후원금이 전체 생활비에서 차지하는 비중은 큰 편이다.

이상에서 살펴본 민간의 비영리 공급 주체 6개 시설대한 각 재원체계와 정부지원금 방식에 대한 분석을 요약하면, 각 주체들은 정부와의 관계에서 상이한 협력관계를 보여주고 있다.

사회복지법인은 재원부담률에 있어서 정부 의존도가 가장 높았고, 정부 지원금도 범주별 보조금(categorical grant) 형태이어서 서비스 공급을 위한 대상자의 선정이나, 서비스 내용 등에 있어서 자율성이 거의 존재하지 않는 정부지배형이다.

---

[42] 현실성 없는 정부의 행정에 구애되는 것이 싫다고 한다. 예를 들면 현재 정부가 그룹홈의 경우 10명을 정원으로 하고 있는데 가정적인 분위기의 그룹홈을 유지 하려면 4~5명이 가장 이상적이라고 한다. 10명을 다 받으면 간사들이 돌보기가 무척 어렵다고 한다.

[43] 보호·양육하고 있는 아동들의 부모들이 찾아와서 아이들을 데려 가는 경우, 부모가 상태가 좋지 않은데도 강제로 아동을 데려 갈 경우 아이들을 돌려보낼 수밖에 없었다. 그래서 그런 경우의 보호장치가 필요하여 구청에 위탁가정 신청을 하였다고 한다. 위탁가정을 신청하면 그런 문제에 관하여 구청에서 보호 장치가 되어 준다.

　반면에 시민사회단체는 사회복지법인과 비교하여 볼 때 상대적으로 정부 재정에 대한 의존도 비율은 낮지만, 재원의 구성 요소 단위 중 가장 큰 구성요소단위라는 점에서는 사회복지법인과 유사하다. 그러나 민간기금의 비율도 여전히 상당한 비율로 유지하고 있고, 또 정부 보조금의 형태가 시설 운영비의 일괄적 지원이라는 포괄적 보조금의 성격으로 인하여, 재원 사용에 있어 상당한 자율성과 융통성을 보여주고 있다. 따라서 시민사회단체의 정부와의 협력관계는 정부·비영리동반자형이라고 볼 수 있다.

　미신고시설은 재원 구조의 대부분을 민간부문에 의존하고 있어서 비용 사용에 있어 자율성이 가장 높고, 기관의 독립성도 가장 높았다. 따라서 비영리주도 모형에 가깝다. 그러나 최근의 아동복지사업법의 개정으로 시설사업의 다양화와 사회복지사업법의 시설운영규제의 철폐로 '바' 시설의 경우 정부 의존도가 높아지고 있어서 정부·비영리동반자형의 관계모형으로 진입할 가능성도 보여주고 있다.

4.3. 민간비영리부문의 지배구조와 민간·정부 간의 상호작용

4.3.1. 민간비영리 사회복지부문의 지배구조와 상호작용의 수준

　사회복지시설을 운영하는 민간부문에게 사회복지사업의 공익성을 강화하기 위하여 도입된 것이 사회복지법인제도이다. 사회복지사업법에 규정된 사회복지법인제도는 사회복지사업 수행을

위해서는 시설을 설립하여 인가받아 운영하여야 하고, 이러한 사
회복지시설의 운영은 민간부문인 경우에는 정부로부터 허가를 받
은 사회복지법인을 설립하여야 한다는 것이다. 또한 사회복지서
비스 관련법에서 사회복지와 관련한 책임을 정부에 두는 '항'과
함께 조치에 관한 '장'이나 '항'을 두어 정부 및 지방자치단체의
책임사업을 사회복지법인에 위탁할 수 있도록 하고 있고, 위탁의
반대급부로 정부나 지방자치단체가 사회복지법인에게 보조금 혹
은 조치비의 지원을 규정하고 있다. 그러므로 위탁은 정부의 책임
사업을 사회복지법인으로 하여금 대행하게 하는 것으로 서비스
공급의 책임성을 궁극적으로 정부에 두고 있는 제도이다. 사회복
지법인은 정부의 책임사업을 위탁 받아 수행하고, 이에 대한 반대
급부로 정부는 사회복지법인에 대하여 아래와 같은 지도·감독을
수행할 것을 사회복지사업법에 명시하고 있다.

> '제51조(지도 · 감독 등) ① 보건복지부장관, 시 ·
> 도지사 또는 시장 · 군수 · 구청장은 사회복지사업
> 을 운영하는 자에 대한 소관업무에 관하여 지도 ·
> 감독을 하며, 필요한 경우 그 업무에 관하여 보고 또
> 는 관계서류의 제출을 명하거나, 소속 공무원으로
> 하여금 법인의 사무소 또는 시설에 출입하여 검사
> 또는 질문하게 할 수 있다.'

이 법규에 규정된 보건복지부장관과 지방자치단체장의 지도·감독
의 내용을 자세히 살펴보면 크게 조세의 낭비나 유용을 살피는
회계감사와 시설 운영을 살피는 업무감독으로 구분된다. 구체적
으로 예를 들어서 설명하면, 사회복지법인이 운영하는 아동육아

시설에 대한 회계감사는 4장 2절 <표 4-10>의 시설아동보호기준
과 <표 4-11>의 아동복지시설의 종사자 인건비 및 운영비 지급
기준 항목에 따라 정확하게 보조금을 사용하였는지를 검사하는
것이다. 업무감독은 아동육아시설로서 생활아동의 양육과 보호를
위한 사업을 충실히 하고 있는 가를 감독하는 것이다.

    <표 4-18>는 행정기관의 사회복지시설에 대한 지도·감독의 내
용이다. 표에서 보듯이 사회복지법인 및 사회복지시설은 정기적
으로 업무감독과 회계감사를 받도록 되어 있다.

<표 4-18> 행정기관의 지도·감독

지 도 · 감독의 종류	대 상	주 기	실 시 기 관
정기검사 - 조직운영, 사업전반 - 회계검사	법 인	매 2년마다 1회	주무관청
	시 설	연 1회 이상	주무관청 및 위임기관
수시 지도·점검 - 입·퇴소 실태 - 사업운영 점검	시 설	연 2회 이상	시장·군수· 구청장
특별감사	법인 및 시설	진정 · 투서 · 언론 보도 · 정보내용 등 에 대해 감사 필요 성이 있을 때	보건복지부장관 시·도지사 시장 · 군수 · 구청장

출처: 원요한(1998), 「사회복지법인 및 시설: 이론과 실무」, 서울: 백산
      출판사, 66쪽

    그러나 사회복지사업법이 제정 초기부터 표에서 나타난 것과
같은 정부 감독기관의 지도·감독 내용을 담고 있었던 것은 아니다.

1970년 사회복지사업법이 최초로 제정되었을 때는 '법인의 업무 및 재산상황'이라고 하여 결과에 대해서만 검사 감독할 수 있도록 하였다. 그러다 1983년 제1차 개정에서 '법인의 업무 및 재산운용'에 관하여 지도·감독할 수 있게 하였고, 1992년 제2차 개정에는 '법인의 재산운용 및 법인 또는 시설의 업무'에 관하여 지도·감독을 하며, 필요한 경우 법인 또는 시설에 대하여 보고하게 하거나 관계 서류의 제출을 명하거나 소속 공무원으로 하여금 법인의 사무소 또는 시설에 출입하여 검사 또는 질문하게 할 수 있게 함으로써 법인과정 전반에 관한 지도·감독을 가능하게 하여 운영의 과정에서 생기는 사고를 적극적으로 미리 예방할 수 있게 하였다. 그리고 1995년 제3차 개정법에서 '소관업무에 관하여'라는 내용을 삽입하여 주무관청으로 하여금 지도·감독에 대한 범위를 보다 더 폭 넓게 규정하였다.

현실적으로는 행정관청이 사회복지시설에 대하여 <표 4-18>에서 정리된 것보다 훨씬 자주 수시 점검을 수행하고 있는 것으로 조사되었다. 1997년 아동복지시설 271개를 대상으로 한 보건사회연구원의 조사 결과에 따르면, 시설에 대한 1년간 지도·감독은 평균 8.4회로 최소한 3개월에 2회 이상 정부 감독기관의 지도·감독은 받고 있는 것으로 나타났다. 그리고 이런 빈번한 지도·감독이 사회복지시설의 고유업무에 지장을 주는 것으로 보고되었다[44].

그러나 시설 간에 정부의 지도·감독의 편차도 상당히 존재하는 것으로 조사되었다. 연 13회 이상 정부의 지도·감독을 받는 시설이 전체의 14.1%이었던 것에 비하여 전혀 받지 않는 시설도

---

[44] 변용찬·이상헌(1998), 「아동복지 수용시설 실태조사 결과보고」, 한국보건사회연구원, 83-84쪽. 이는 한국보건사회연구원이 19996년에 아동복지수용시설 272개를 대상으로 조사한 것이다.

2%이었다. 이는 시설에 대한 지도·감독이 전적으로 행정기관의 재량에 맡겨져 있기 때문이다. 따라서 자동적으로 지도·감독의 내용도 집행하는 공무원에 따라 편차가 심한 것으로 보고 되었다. 편차에도 불구하고 법인과 시설에 대한 지도·감독에서 일반적으로 공무원들이 가장 역점을 두고 있는 것은 회계감사인 것으로 대답하였다[45].

공무원의 자유 재량에 따른 지도·감독이 사회복지시설의 업무 수행에 긍정적인 영향보다 부정적인 영향을 많이 미친다는 문제가 지속적으로 제기되어 '평가제 도입'논의로 이어졌고 마침내 사회복지시설을 평가하는 지표들을 개발하여 2000년에 사회복지시설 평가제를 도입하게 되었다[46]. 이 평가제는 서비스에 투입된 물적·인적 자원의 양과 질, 서비스의 제공 과정 및 방법의 좋고 나쁨, 서비스 제공과정의 결과로 인한 욕구충족, 문제 해결 내용 및 과정, 동일한 결과를 산출하는데 필요한 투입의 비교 등의 평가지표들로 사회복지시설의 수행, 기관의 효율성과 효과성을 평가하는 것이다. 그러나 또 다른 한편에서는 이 평가제가 사회복지기관으로 하여금 상당한 양의 문서작업 수행을 요구하는 것이어서, 그렇지 않아도 인력이 부족한 사회복지시설의 문제를 더욱 심화시켜 사회복지대상자에게 제공되는 서비스의 질을 저하시킬 수도 있다는 비난도 제기되었다.

---

[45] 일반적으로 지도·감독을 나오는 공무원의 경우 사회복지전문공무원이 아니라 일반행정직 공무원들이 주로 나와서, 실제 업무내용에 대하여 별로 잘 알지 못하는 경우가 많다. 그래서 대체적으로 사업감독을 나와서 회계검사를 주로 하는 경우가 많았다. 이와 같은 점을 보완하기 위해서 시설과 기관에 대한 평가제가 도입되었다.

[46] 최소한 3년에 한번씩은 평가를 받도록 하였으며, 이 평가의 결과를 보조금 지급과 수용인원에 반영될 전망이다.

사회복지시설에 대한 행정관청의 지도·감독이 시설의 사업수행 능력이나 서비스 질에 대한 평가를 배제한 체 사업절차와 예산 사용에 대한 세세한 규제로만 일관하고 있는 측면이 미인가시설[47]의 설립·운영을 부추키고 있다. <표 4-19>는 소공동체가 미인가시설로 운영되고 있는 이유를 조사한 결과이다[48]. 표에서 보듯이, 소공동체의 46.8%가 법인을 설립할 여건이 되지 않아서가 아니라 허가에 따른 행정적 규제와 간섭이 싫어서 미인가시설로 남아 있었다. 이는 사회복지시설에 대한 행정적 규제와 간섭이 인가를 받아 정부의 보조금을 받는 매력을 상쇄하고 있음을 설명하여 주는 부분이다[49]. 이러한 점은 정부의 지원이 없어도 아무 문제가 없다고 지적한 미인가시설이 5%에 불과한 것을 감안할 때 정부의 지원이 필요함에도 불구하고, 정부의 간섭과 규제로 인해 정부의 지원을 포기하고 있음을 보여준다.

---

[47] 조사가 이루어지던 시기에 여전히 미인가시설이라는 용어가 사용되고 있었다.

[48] 1997년 아동을 위한 소공동체 44개를 대상으로 한 조사이다.

[49] 이는 미국의 경우, 사회복지서비스부문에서 활동하고 있는 비영리조직들이 정부의 보조금이나 지원금을 받는 경우, 행정적인 보고와 관련하여 상당한 문서작업이 부가적으로 요청되는데도 정부의 지원금이 '사업의 안정성과 향상성'을 유지하고 '더욱 빈곤계층'에 집중할 수 있다는 점으로 정부의 지원금을 선호하는 것과는 대조된다. Salamon, Lester M., 1995, *Partners in Public Service: Government-Nonprofit Relations in the Modern Welfare State*, Baltimore and London: Johns Hopkins University Press.

150

<표 4-19> 소공동체가 미인가시설로 운영되는 이유

(단위: 개소, %)

구 분 이 유	해당시설	비 율
법인을 설립할 여건이 되지 않아서	6	21.4
허가에 따른 행정적 규제와 간섭이 싫어서	13	46.8
정부의 지원이 없어도 아무 문제가 없어서	5	17.9
허가에 따른 행정절차를 몰라서	3	10.7
응답 시설 수	28	100.0

출처: 이태수(1997), "소공동체의 운영실태", 97아동복지심포지움, 주제: 아동을 위한 소공동체의 운영실태와 활성화방안, 32쪽.

그러나 다른 한편으로 미인가시설이 이렇게 상당수 존재하는 것이 서비스 제공에 대한 책임성과 투명성 문제를 야기한다. 미인가시설은 제도권 밖에 존재하므로 사회복지 사업을 위해 사용하는 예산 및 지출 액수와 구조를 전혀 알 수 없다. 김영모이 연구에 따르면(김영모, 2000:242), 미인가시설은 노출을 꺼려하고 심지어 거의 대부분 회계장부조차도 없다고 한다. 또한 미인가시설의 경우 서비스 수행과정에 대한 자체 규제도 거의 없기 때문에 서비스의 질과 재원에 대한 통제가 불가능하다. 사회복지법인이 민간기부에 대한 자료를 기록하여 행정기관으로부터 감독을 받는 것에 반하여 미인가시설은 재정의 대부분을 민간기부에 의존하고 있지만 재원 운영에 투명성이나 책임성을 시도하는 노력은 거의 없다고 볼 수 있다. <표 4-20>는[50] 미인가시설 소공동체의 후원금

---

[50] 전체 미인가시설에 대한 투명성의 조사 통계치가 없는 관계로 총 아동 미인가시설 44개의 소공동체를 대상으로 한 설문조사의 결과이다. 44

공개여부에 대한 설문조사의 결과인데, 미인가시설의 **61.1%**가 사용내역을 원하는 후원자에게만 공개하고 있어서, 재원 운영의 투명성을 확보하려는 자발적인 노력이 거의 없음을 보여준다. 또한 제공되는 서비스에 대한 평가도 전혀 이루어지지 않고 있음을 알 수 있다. 이 때문에 미인가시설의 예산이 수용되어 있는 대상자의 복지와는 전혀 상관 없이 운영자나 설립자가 개인적으로 전용하는 사례들이 보고 되고, 보호 대상자에 대한 비인간적 처우의 사례들도 종종 등장한다.

<표 4-20> 미인가시설의 후원금에 대한 공개 여부

(단위: 개소, %)

구 분 이 유	해당시설	비 율
후원자모두에게 시설운영에 대한 결산보고를 한다	4	22.2
후원금사용내역에 대해 후원자모두에게 공개한다	3	16.7
사용내역을 원하는 후원자에게만 공개한다	11	61.1
응 답 시 설 수	18	100.0

출처: 이태수(1997), "소공동체의 운영실태", 아동복지심포지움 자료집, 29쪽.

이상의 분석을 종합하여 볼 때 사회복지법인이 운영하고 있는 시설에 대한 정부의 책임성은 매우 강하고 상호작용의 수준도 공

___

개의 시설 중에 후원금에 대한 공개여부를 응답한 시설 수는 18개로 **41%** 정도만이 응답하였다.

식적임을 알 수 있다. 즉, 사회복지사업법이나 서비스 관련법, 그리고 각 서비스의 사업 지침들을 통하여 정부와 사회복지법인, 시설과의 상호작용의 방향을 공식화하고 있다. 반면에 미인가시설은 사회복지서비스를 제공하는데 있어서 어떠한 내·외부적 지배구조가 존재하지 않는다.

이하의 절에서는 사례분석을 통하여 문헌분석에서 미비되었던 서비스 공급주체들의 지배구조와 책임성의 관계, 그리고 공식화된 상호작용의 수준 등을 보충하여 분석한다. 따라서 각 부분에 거시분석이 결여하고 있는 논의가 심도 있게 진행될 것이다.

4.3.2. 민간비영리 공급 주체들의 지배구조와 상호작용 수준에 대한 사례연구

1) 사회복지법인이 운영하는 아동육아시설 '가', '나'

'가' 아동육아시설의 자율적인 내부 지배구조인 '가' 사회복지법인의 이사회는 현 5인으로 구성되어 있다. 이사회는 최소한 연 2회 개최를 원칙으로 하고 있지만 간혹 연 1회로 그치는 경우도 있다. 법인의 이사회는 일반적으로 시설의 사업내용, 사업운영 전반에 관한 사항, 사업 예산 및 지출 등을 심의한다. 이를 위하여 시설은 매년 시설사업내용과 시설의 예산 및 결산에 관한 '연차보고서'를 작성하고 있다. 그러나 이 '사업연차보고서'는 이사들에게만 정기적으로 보고되고, 시설의 기부자를 포함한 일반인들에게는 열람요청이 있을 경우에만 공개되고 있다.

이사회는 타 시설 원장 1명, 교회의 장로 1명, 목사 2으로 총 4

명으로 구성되어 있었으나 아동복지법이 개정과 더불어 새로운 아동복지사업을 추진하기로 결정한 후 이에 대한 전문가의 도움이 필요할 지도 모른다고 판단하여 2000년에 사회복지학과 교수 1명을 새로 영입하여 현 이사회는 5명으로 구성되어 있다. 즉 작년까지만 하더라도 이 시설은 이사회가 4명으로 구성되어 있었고, 이는 법률상 이사 정족수를 충족시키지 못하는 것이므로, 실제로 이사회는 유명무실한 역할을 하였다고 볼 수 있다.

이상의 내용을 종합하여 볼 때 내부지배구조인 이사회는 법률상 시설 사업에 대한 의사결정에 영향력을 행사하고, 사업 내용을 평가하고 새로운 사업 방향 제시 등에 영향력을 행사하도록 되어 있지만, 실제로 사회복지현장에서 이사회가 제 기능을 하지 못하고 있음을 알 수 있다. '가' 기관의 사례에서 드러난 이사회의 최소 개최 회 수의 부족이나 필요 이사 정족수의 부족 등은 이사회가 제 역할을 하지 못하고 유명무실한 명목상의 기구임을 단적으로 보여주는 것이다. 결국 이사회는 사업내용에 대한 형식적 보고 및 심의 기구로서의 역할을 하고 있을 뿐 시설 사업 운영에 별 영향력을 미치지 못하고 있다. 따라서 '가' 시설은 내부지배기제의 역할이 명목적인 수준에서 이루어지고 있다.

그러나 '가' 시설은 재정의 약 80%를 정부에 의존하고 있는 관계로 정부에 대한 보고에는 상당한 시간을 들여서 준비를 하고 있었다. 시설에 대한 외부지배구조인 정부는 보조금에 대한 반대급부로 상당히 엄격한 내용의 보고를 요구하고 있었다. 위탁 아동에 대한 보호·양육의 세부적 내용 및 종사자의 인건비 및 시설 운영비를 포함한 시설의 예산/결산, 입소자 아동수의 변화 등을 분기별로 정기적으로 정부와 서울시에 보고하고, 연 예·결산과 분기별 시설 예·결산을 정부와 서울시에 보고하고 있었다. 그리고 시설 종사자의 인건비와 시설운영비에 관한 보고도 정기적으로 이루어진다. 또한 아동의 생계비를 매월 아동 수와 아동복지사업지침서의 규정에 책정된 1인당 생계비를 곱하여 그 달의 생계비를 산정하고 이를 구청에 신청한다.

그 외 안전점검양식과 위생점검양식, 공익근무요원의 활동보고, 공공요원의 활동보고 등 정부가 요구하는 기타 여러 가지 시설운영 내용에 관한 보고서를 수시로 구청이나 동사무소, 관련감독기관에 제출하고 있었고, 이를 위한 보고서가 수시로 작성되고 있었다.

후원금과 후원물품의 관리도 보건사회부령 「사회복지법인의 재무 · 회계규칙」의 후원금과 물품관리 규칙에 따라 관리대장에 기록하고 영수증을 첨부하고 있었다.

정부를 제외한 민간후원자들에게는 1991년부터 매월 소식지를 매월 발간하여 발송하는 정도였다. 그러나 이 소식지는 시설 사업내용을 주로 다루고 있고, 후원금의 총액 정도를 공고하고 있을 뿐 시설의 예 · 결산의 공고나 후원금의 사용 내역을 공고하고 있지는 않았다.

결국 '가'시설이 경우 가장 엄격한 관리 감독을 받고 있는곳은 정부이다. 정부의 감독기관들은 보고서를 제출받는 것에외 직접적인 방문 지도 · 점검도 실시하고 있었다. 1999년 한 해 동안 이 시설은 관할 감독 구청으로부터 운영내용에 관한 사무감사 1회, 지도점검 3회, 위생과 위생감사 2회를 방문 지도·점검의 형태로 받았다. 또한 서울시로부터 안전진단점검, 운영내용 감사 1회, 소방서의 연 2회 정기소방점검, 전기안전공사의 연 1회 점검, 가스안전공사의 연 1회 점검 등의 감독자 방문 지도·점검을 받았다.

방문 지도 · 감독은 매년 어느 정도 편차가 존재한다. 1999년과 같이 전국적으로 유행성 전염병이 문제가 되는 경우에는 위생과의 수시 방문 지도·감독이 강화되어 여름 동안에만 2-3번의 지도·감독을 받는다. 또한 사회복지법인이나 시설에 대한 사회비리가 이슈가 되는 경우에는 시설에 대한 감독관의 직접 방문에 의한 회계감사가 강화되고 빈번하게 된다. 그 예로 이시설은 1999년 한해 동안에 서울시 감사와 보건복지부의 직접 방문 감사를 동시에 받았다.

감독자의 현장 방문 지도·감독은 시설이 지출한 내역의 영수증에 대한 회계감사와 사업내용, 즉 운영감독과 안전점검으로 이루어진다. 사업내용의 감독은 보육일지, 조리일지, 운영일지, 보육일지 등의 일지에 대한 점검과 숙사를 포함한 시설의 현장검사로 이루어지는데, 감독을 나오는 공무원에 따라 강도는 조금 달라진다. 경우에 따라 직원서약서 등에 관한 문서검토를 요구하는 감독관도 있다고 한다. 그리고 회계감사는 대체적으로 시설과 법인이 회계규칙에 맞추어 예산을 사용 하였는지, 예산의 전용이 발생하지 않았는지 그리고 이에 따른 영수증이 구비되어 있는지, 물품의 제품명과 대장목록이 일치하는지 등을 세부적으로 살핀다. 일례로 물품의 경우 물품 대장의 모델명과 같은지를 비교한다.

그러나 실제적으로 방문 지도·감독에서 회계감사와 사업내용의 감독이 구분되어 수행되는 것이 아니다. 현장 방문 감독을 나오는 경우 감독 공무원이 사업내용의 평가를 위한 지표나 전문지식이 결핍되어 시설의 사회복지사업 내용을 제대로 평가할 수 없는 경우가 대부분이어서, 대체적으로 회계감사와 현장시찰로 그치게 된다.

법이 규정하는 감독관청의 소관업무가 구체적인 사회복지 서비스 업무까지 포함된다고 볼 때 최일선에서 활동하는 사회복지사에 대한 명실상부한 지도·감독(Superrvision)이 될 수 있도록 그

수준이 개선되어야 한다. 원래 지도 · 감독이란 어떤 사람(또는 기관)이 다른 사람(또는 기관)의 행위에 대해서 그 행위의 목적에 비추어 타당한가의 여부 등을 감시하고 필요에 따라서는 지시·명령을 행하는 것이다. 따라서 관리감독에는 '관리적 기능'이외에 '교육적 기능'과 '원조적 기능'도 포함되어 있다.

그러나 우리나라에서 현행 진행되고 있는 지도·감독은 "관리적 기능"만 부각되고 있을 뿐 "교육적 기능과 원조적 기능"은 전혀 찾아 볼 수 없으며, 관리적 기능도 현장의 전문성에 대한 평가를 할 수 있는 감독자의 전문성이 결여되어 있고, 평가 대상의 내용과 수준이 일방적이고 자의적이라고 볼 수 있다.

이상과 같은 분석에서 결론 내릴 수 있는 것은 '가' 아동양육시설의 지배구조는 정부의 책임성이 이사회의 책임성보다 강한 유형이다. 또한 정부와 사회복지시설 간의 상호작용은 서비스 공급의 시작단계에서부터 지도 · 감독의 단계에까지 긴밀하게 이루어지고 있으며 그 수준도 강한(Level 5)편이다.

'나' 아동육아시설은 '가' 시설과 달리 시설의 자율적인 관리 체제인 이사회의 기능이 강화되어 있다. 법인의 이사회는 현재 13인으로 구성되어 있다. 이는 다른 사회복지법인의 경우 이사의 수가 평균 5인 내외인 것을 고려하면 이사들의 수가 상대적으로 2배 ~2.5배에 이르는 수치이다. 이사장은 상임이고, 이사는 연임이 가능하다. 현재 이사들은 목사 1인, 중소 기업대표 1인, 대학교수 1인, 그 외의 대부분은 교회의 장로, 집사나 권사들로 구성되어 있다. 이 시설의 경우 초창기부터 법인 이사회의 영향력이 강하였고, 이사회에 교회 교인들이 많기 때문에 법인에 대한 교회의 영향력도 컸다. 이는 물론 교회가 법인에 대한 재정적인 지원을 하고 있는 데서 기인하는 것 같다.

이사회는 시설장을 선출하고, 4년마다 이사회가 시설장의 재신임을 묻는다. 다른 시설들의 시설장이 종신제인 것과 달리 '나' 시설은 1970년대부터 시설장 정년제를 도입하여 시행하여 오고 있고, 시설 운영이 가족주의화되거나 사적으로 소유되지 않도록 엄격하게 이사회가 견제를 하고 있다. 또한 시설의 인사에 관한 사항이 전적으로 재단이사회의 인사위원회의 권한으로 되어 있어 이사회의 인사위원회가 추천자 혹은 응시자들을 심사하여 최종 결정을 내리고 있다. 따라서 법인의 이사회가 시설 운영의 책임성과 투명성을 담보하는 내부적 지배구조로서의 기능을 충실하게 수행하려고 노력하고 있다. 1999년에 복지부가 시설장 정년제도를 도입하려 하였지만 타 시설들의 반대로 무산된 것을 고려하여 보면, '나' 아동육아시설의 이사회는 시설 운영 및 사업내용에 대하여 이사회가 상당한 영향력을 미치고 있음을 알 수 있다. 그리고 이사회는 매월 개최되고 있으며, 매회 이사들의 참석률은 80%를 상회한다. 이와 같이 이사회의 시설 사업에 대한 의사결정 및 지도·감독이 엄격하여 정부의 지도·감독에 대비하여 따로 보고서나 서류 등의 준비를 할 필요가 없다. 이사회 감독과 감사를 위한 보고서 및 자료로 정부의 지도·감독을 받고, 정부가 요구하는 내용들을 보고할 수 있을 정도로 이사회가 시설에 대하여 영향력이 강하다.

'나' 시설도 '가' 시설과 마찬가지로 정부의 아동시설보호 위탁사업에 대한 반대급부로 지도·감독을 받는다. 이 시설은 매년 기본적으로 중앙정부 공무원으로부터 직접 방문 회계감사 1회, 사무감사 1회를 받고 있다. 그러나 일반적으로 사무감사와 회계감사가 함께 시행되고, 감사의 내용은 '가' 시설과 같다. 또한 안전점검이나 정기검진을 매월 받고 있으며, 그 외 구청으로부터 연 2

회의 사무감독을 받고 있다. 1999년의 경우 복지부와 서울시에서 각각 감사를 받았으며, 구청의 감사과의 감사를 3박4일 동안 받았다. 일반적으로 회계감사가 사업운영에 대한 감독보다 더욱 빈번하다. 감독은 주로 구청의 사회복지과 담당으로부터 매년 2회 수행되며, 그 외는 필요할 때마다 수시로 받는다.

그러나 최근에 들어 지도·감독의 내용이 회계감사보다는 사업운영에 대한 감독으로 바뀌고 있어서 시설이 사업운영과 관련하여 준비해야 할 서류나 문서들이 많아졌다고 한다. 이전에는 지도·감독의 대부분이 회계감사에 국한되어 있어서 대체적으로 시설과 법인이 회계규칙에 맞추어 예산을 사용 하였는지, 예산의 전용이 발생하지 않았는지 그리고 이에 따른 영수증이 구비되어 있는지, 물품이 제품명과 대장목록이 일치하는지 등을 살피는 것이어서 영수증이나 예산의 집행과 관련된 서류 준비에 집중하였는데, 최근에 들어서 사무감사 즉, 운영감사를 하는 쪽으로 경향이 바뀌고 있어서 사무감사 항목들에 필요한 서류, 예를 들면 보육일지, 상담일지 등의 서류 준비를 많이 하고 있다. 정규적인 지도·감독과 임시 지도·감독을 합하면 평균 1년에 5-6회의 사업운영에 대한 감독을 받고 있다.

이 외에 '가' 시설과 마찬가지로 매월 아동 수와 아동의 생계비용, 그리고 분기별, 매해 시설의 예산/결산을 정부와 서울시에 보고하고 있다. 또한 마찬가지로 안전점검표와 위생점검표 등을 매월 감독 기관에 보고한다.

이와 같은 분석을 통하여 볼 때 '나' 시설은 '가' 시설과는 달리 사회복지서비스 공급에 대한 내부 지배구조인 이사회의 책임성도 강하고 외부지배구조인 정부의 책임성도 강한 유형이다. 정부와 시설 간의 상호작용의 수준은 '가' 시설과 마찬가지로 공식적이면서 긴밀하지만 정부통제의 수준도 마찬가지로 강하다(Level 5).

2) 시민사회단체가 운영하는 단기보호시설 쉼터 '다', '라'

'다' 청소년 쉼터는 '다' 시민사회단체 본관이 운영하는 시설의 하나이다. 시설을 운영하는 본관은 사단법인의 형태로 이사회가 있지만 시설 운영에 이사회가 미치는 영향력은 거의 없다고 한다. 이것은 '다' 본관의 목적사업이 사회복지사업의 증진이라는 특수한 목적에 있는 사회복지법인이 아니기 때문인 것으로 보인다. 즉 본관의 목적 사업의 우선 순위가 사회복지사업에 있는 것이 아니어서 사회복지사업을 하고 있는 '다' 시설의 세부적 운영에까지 관심을 기울 필요가 없기 때문인 것으로 분석된다. 단 '다' 청소년 쉼터는 매월 시설의 예산 및 결산을 상부 기관인 '다' 본관에 보고한다. 시설의 재정이 본관으로부터 독립적이어서 시설 운영 자금인 통장소유를 '다' 쉼터가 자체 소유하고 있으나, 이 통장의 도장은 본관의 재정부에서 관리하고 있어, 결국 시설 사업 및 운영에 소요되는 비용은 본관의 결재를 거쳐 이루어진다. 이 기제가 본관이 시설에 대하여 대하여 하고 있는 공식적인 감독 기제이다.

정부 지원금은 사회복지법인이 운영하는 시설과 다르게 분기별로 수용 인원과 정부 지원금의 사용 내용에 대한 보고로 이루어진다. 그러나 정부 지원금의 성격 자체가 '다'쉼터에 운영비로 제공되는 포괄적 보조금의 성격이기 때문에 사회복지법인이 운영하는 '아동육아시설'처럼 사업의 세부적 내용에 따를 지출 보고를 하는 것은 아니다. 주로 예산 및 수용자수, 종사자 인건비 등에 관련한 간단한 통계치를 보고한다. 그리고 간혹 현장 실사를 나오기도 하지만 사회복지법인이 운영하는 시설들처럼 정규적이지도

160

빈번하지도 않다. 이는 '다' 시설이 '가'와 '나' 시설처럼 정부의 위탁사업을 수행하는 것이 아니라서 사회복지법인이나 시설만큼 정부의 관리 감독을 받지 않는 것으로 보인다. 또 다른 이유는 '다' 시설의 경우 청소년 쉼터라는 선도적이고, 시범적인 프로그램을 운영하고 있어서 서비스 공급의 결정에 대한 주도권을 민간 기관이 가지고 있다. 따라서 정부보다는 본관이 사업운영에 더 영향력을 미치고 있다.

그 외 민간단체의 지원금이 있는 경우에는 각 지원처에서 요구하는 양식대로 사용에 대한 보고를 하고 있고, 개별 기부금의 액수와 기부 품목들을 매월 소식지에 게재하여 '다' 시설의 회원들에게 보내고 있다.

이러한 사실들을 종합하여 볼 때 '다' 청소년 쉼터는 서비스 공급의 책임성이 시설의 종사자들에게 전적으로 맡겨져 있고, 정부는 최소한의 비용에 대한 감사만을 하고 있다. 그리고 본관이 사회복지법인의 이사회와 같이 내부 지배구조로 '다' 쉼터 운영에 영향을 미치고 있다. 따라서 '다' 청소년쉼터는 시설의 자기감독 기제(self-governing)가 강한 유형이다. 그리고 정부와 시설 간의 상호작용은 정기적이지는 않지만 양쪽의 필요가 있을 때에는 최소한 상호작용이 공식적으로 일어나고 있고, 정부의 보조금 지원과 그에 대한 감독을 위한 상호작용은 공식적으로 작용하고 있는 수준(Level 3)이다.

'라' 성폭력 피해자를 위한 쉼터는 이 시설의 운영 단체인 '라' 상담소의 회원단체이다. '라' 상담소 경우 대표는 총회에서 선출되고, 이'라' 상담소의 대표가 '라' 시설의 장을 겸직한다. 물론 이 과정에 이사회의 승인이 있어야 한다. '라' 상담소의 이사회는 의사와 변호사 등 10인으로 구성되어 있고, 이사회는 매월 개최된다.

이사회에서 '라' 상담소의 각 부서별 사업보고와 재정보고가 이루어진다. '라' 시설도 '라' 상담소의 부속기관 중의 하나이므로 매월 이사회에서 재정보고와 사업보고를 하고, 연 1회 개최되는 '라' 상담소 총회에서 1년간의 재정보고와 사업보고를 수행한다. 시설도 하나의 부속기관으로 이사회에서 재정보고와 사업보고를 해야 한다. 또한 사단법인인 '라' 상담소는 총회에서 '라' 상담소 전 부서 및 기관의 1년 재정·사업에 관하여 세부적으로 보고하고, 시설의 예·결산에 대한 보고와 후원금[51] 수입과 지출 내용에 대하여 상세하게 보고하고 승인을 얻는다.

그러나 이사회나 총회가 '나' 시설의 이사회처럼 실질적으로 '라' 시설의 사업 및 재정에 세부적인 영향력을 행사하고 있지는 않다. '라' 시설 운영에 관해서는 전적으로 '라' 시설장과 실무자들에게 맡겨져 있고, 이사회나 총회는 절차상의 통과 의례적으로 재정보고와 사업보고를 받는 역할을 하고 있는 것으로 보인다. 그리고 '라' 시설 및 '라' 상담소에 대한 후원금은 '라' 상담소 계간지인 소식지에 게재되어 회원들에게 보고되고 있다.

이와 같은 사실들로 볼 때 '라' 시설도 '다' 시설과 마찬가지로 이사회나 총회가 시설의 운영에 커다란 영향력을 미치고 있지는 않다. 그보다는 '라' 시설의 본관의 역할을 하고 있는 '라' 상담소가 미치는 영향력이 더욱 크다고 할 수 있다.

정부의 지도·감독은 '다' 쉼터와 마찬가지로 수용인원수와 예산, 정부 보조금에 대한 지출 내역을 매월 서울시와 구청에 보고한다. 그러나 '다' 청소년 쉼터와는 달리 보고 이외에도 이 쉼터가 일시 보호시설로 인가를 받은 시설이어서 감독 공무원들이 현장 방문 지도·감독을 실시 할 때도 있다고 한다. 그렇지만 이 경우에도 쉼

---

[51] 상담소에서 회비를 후원금이라는 용어와 동등하게 사용하고 있다.

터에서 생활하는 대상자들의 비밀보장이 무엇보다 요구되는 시설의 특성을 감독·지도를 나오는 공무원들도 잘 알고 있어서 쉼터를 직접 방문하여 이곳 저곳을 돌아보기보다는 운영기관인 '라' 상담소에 대한 사업운영에 대한 방문 지도·감독으로 그치는 경우가 대부분이라고 한다. 정부의 지도·감독의 시기는 주로 연말에 이루어지고, 관할 구청에서 필요하면 수시 지도·감독을 나오는 경우가 많다고 한다.

이를 통하여 볼 때 '라'쉼터'에 대한 정부의 지도·감독의 정도는 '다' 청소년쉼터보다는 현장실사의 형태가 존재하므로 강하고 '가'와 '나' 아동육아시설보다는 여러 가지 측면에서 약하므로 이 두 시설 형태의 중간 정도라고 볼 수 있다. 이는 '라' 시설도 '다' 시설과 마찬가지로 정부로부터 위탁사업을 수행하고 있는 것이 아니라 사회복지 프로그램에 대한 지원사업을 수행하는 형태에 가깝기 때문이다. 그래서 사회복지법인만큼 사회복지서비스 서비스 공급에 대하여 정부의 책임성 기제가 강하게 작용하고 있지 않다. 정부지원에도 불구하고 정부의 책임성 기제가 사회복지법인이 운영하는 사회복지시설처럼 강하지 않은 또 다른 이유는 '라' 시설이 성폭력피해자를 위한 쉼터 운영에 대한 주도력을 가지고 있기 때문이다. 성폭력 이 사회 문제화 되어 정부 차원에서 피해자 보호를 위한 대책 마련을 시도 하기 훨씬 전부터 '라' 상담소가 이 문제 영역에서 일해왔기 때문에 문제 해결을 위한 노하우와 전문성을 갖추고 있다. 그럼에도 불구하고 인가를 받은 복지시설이기 때문에 '다' 시설보다는 서비스 공급에 대한 정부의 책임성 기제가 강하다.

결국 이상의 분석을 종합 요약하여 보면, '다'와 '라' 시설 간에 차이가 조금 있지만, 사회복지서비스 제공에 대한 정부의 책임성이 이 두 시설에 미치는 영향력은 '가'와 '나' 시설에 대한 정부의 영향력보다는 약한 수준이다. 즉 사회복지서비스 공급에 대한 책임성이 '다'와 '라' 시설과 정부가 공유하고는 있으나 '가'와 '나' 시설만큼 상호작용의 수준도 정기적이지도 횟수가 빈번하지도 않은 정도(Level 3)이다.

3) 미인가 그룹홈 '다', '라'

'마' 시설이나 이 시설이 소속되어 있는 'N' 기관은 동일 미신고시설로 이사회와 같은 기구가 존재하지 않는다. 그렇지만 'N' 기관이 'A'종교유지재단의 사회선교 활동의 일환이어서 'N' 기관의 사업들은 재단이 소속된 교구회 및 교회에 보고된다. 즉 '마' 시설의 예·결산은 매달 'N' 기관에 보고 되고, 'N' 기관은 사업 및 예·결산을 'A'의 교구회에 보고한다.

'마' 그룹홈은 사회복지서비스 제공에 대하여 자체적으로 서비스의 질을 평가할 수 있는 시스템을 가지고 있다. 아동육아시설이나 쉼터에서 정부나 이사회, 혹은 본관이 하고 통제 기제의 역할을 하고 있는 것처럼 'N' 기관에서는 2주에 한번 개최되는 모든 관련시설의 실무자회의가 그와 같은 역할을 하고 있다. 즉 'N' 기관의 주도하에 각 센터나 그룹홈, 시설의 소장들이 모이는 운영위원회가 상설적으로 개최되어 각 시설 운영과 서비스 내용에 대한 평가를 자체적으로 진행하고 있다.

'마' 시설은 재정을 전적으로 'N'기관에 의존하고 있어서 재원사용이나 예산에 대한 보고를 'N' 기관에만 하고 있다. 그러나 민간 후원금이나 기부금에 전적으로 의존하고 있는 'N'기관 자체가 기부금의 액수, 후원금 사용 내역들을 공고하는 노력을 기울이지 않고 있어서[52],

민간 기부자들은 이에 대한 내용을 전혀 알 수가 없다. 물론 'N' 기관이 매월 소식지를 발행하고 있지만 이는 후원금의 사용내역이나 지출 내용과 액수에 대한 자료는 전혀 개제하지 않으며 단지 후원자의 이름만 개제하고 있다.

'마' 시설이 정부 지원을 받지 않는 이유는 정부 지원이 지원 액수에 비해서 비효율적인 지도·감독이 너무 많기 때문이라고 한다. 같은 형태의 보고서를 여러 번 보고해야 한다거나 실질적인 효과성을 기준으로 예산이 편성되는 것이 아니라 성과위주로 예산이 편성된다거나, 운영의 경제성을 따지는 등의 정부 기준들이 시설 운영에 도움이 되기 보다는 도리어 종사자들의 서비스 제공에 장애로 작용한다고 보고 있다.

이상에서 살펴본 것을 토대로 보면, '마' 시설은 사회복지서비스 공급에 대한 자기감독기제(self-governing)가 강하다. 이사회가 존재하는 것은 아니지만 실무자 회의가 상시적으로 존재하고 있으므로 이사회의 변형된 형태로 보아도 무방해 보인다. 이사회는 민간기관의 내부지배구조를 말하는 것이고, 대개의 경우 시설들이 법인화하면서 이사회 기구를 갖추는데, 아직 관련 시설들이 법률적인 형태를 갖추지 못하여서 이사회가 없는 것이므로 법인의 이사회에 해당하는 시설의 자체적인 감독기제가 있으면 이사회형으로 간주하여도 무방하다.

그러나 정부와의 상호작용은 전혀 존재하지 않는다.

'바'그룹홈은 개인적인 차원에서 운영하고 있는 그룹홈이어서 공식적인 체계가 전혀 갖추어 지지 않았다. 후원자도 손으로 꼽을 수 있을 정도로 적은 수이며 대부분이 익명으로 '바' 그룹홈의 운영자 통장으로 후원금을 지원하고 있어서, 후원금 사용에 대한 내용을 알리고 있지 않다. 유일하게 주소를 아는 후원자에게 간혹

감사의 편지만을 보낸다.

‘바’ 그룹홈은 수용하고 있는 아동에 대하여 가정위탁비와 생활보호대상자 비용을 받고 있어서 정부 관계 기관의 지도·감독이 있을 것으로 예상되었지만 공식적인 지도·감독을 받는 통로는 전혀 없다고 한다.

결국 ‘바’ 그룹홈과 같은 형태로 개인이 운영하는 미신고 그룹홈들은 사회복지서비스 제공에 대한 책임성의 사각(死角)지대에 놓여 있음을 알 수 있다.

4.4 소 결

본 장에서는 상이한 시대적 배경하에서 사회복지서비스의 공급주체로 참여하기 시작한 사회복지법인, 시민사회단체, 미신고시설들이 사회복지서비스를 제공하는데 있어서 정부와 어떤 역할관계를 설정하고 있는지를 분석하여 우리나라 민간비영리 사회복지부문의 구조적인 특성을 살펴보았다. 기존의 문헌과 통계자료, 6개 민간기관의 사례를 이용하여 각 주체들의 서비스 공급기능, 재정체계 및 이들 기관에 대한 정부보조금의 형태, 서비스 공급 책임성을 나타내는 내부 지배구조(governance)인 이사회와 외부지배구조인 정부의 지도·감독의 방향과 정도, 그리고 서비스 제공을 위한 각 주체와 정부 간의 상호작용의 수준 등을 분석하였다. 이러한 분석의 결과는 <표 4-21>과 같이 요약될 수 있다.

우선 문헌 분석을 통하여 비영리부문의 사회복지서비스를 공급하는 기능상의 특성들을 주체별로 비교하여 보면, 사회복지법인은 정부의 책임이 있는 무의무탁 한 생활보호대상자에게 정부를 대신하여 시설에서 보호 · 양육하는 서비스를 제공하고 있는 것에 비하여, 미신고시설은 정부가 책임을 져야 함에도 불구하고 미처 정부가 담당하지 못하는 대상 즉 법정 빈곤계층에 해당하는 사람들에게 정부 보호 서비스를 제공한다. 그러나 이 두 서비스 공급 주체들은 서비스 대상 및 서비스 내용이 거의 비슷하다고 할 수 있다.

한편, 시민사회단체는 새로운 빈곤 계층인 실업자 혹은 노숙자 문제, 그리고 새로운 사회문제로 부각되기 시작한 가출 청소년, 성폭해 피해자 등을 대상으로 하고 있으며 서비스도 보호 · 양육 이외에 치료나 상담 프로그램을 제공하여 문제 해결에 필요한 혁신적인 서비스나 프로그램들을 제공하고 있는 것으로 볼 수 있다.

6개 민간 기관의 사례의 분석결과도 문헌분석과 비슷한 결과를 보여주었다. 단지 사례 분석에서 문헌분석과 차이가 났던 결과는, 한편으로 미신고시설이 사회복지법인이 운영하고 있는 사회복지 시설과 마찬가지로 법정서비스와 유사한 형태의 서비스를 제공하고 있으면서도, 다른 한편에서 시민사회단체처럼 실험적이고 혁신적인 문제 해결을 위한 서비스나 프로그램을 제공하고 있다는 것이다.

이상의 사회복지서비스 공급 기능상의 특성을 각 서비스 공급 주체별로 유형화를 하여 보면, 사회복지법인은 정부지배형, 시민 사회단체는 정부 · 비영리동반자형이며, 미신고시설은 비영리주도모형이라고 분류할 수 있다.

정부에 대한 재정의존도 및 정부 보조금의 형태 측면에서 민간 비영리 사회복지공급 주체들의 유형을 비교하여 보면, 사회복지 법인이 운영하는 사회복지시설의 정부 재정 의존도는 67.9%로 수입원 중에서 가장 큰 부분을 차지하고 있었다. 그리고 정부의 지원방식은 위탁으로 인한 소요경비를 지원하는 것으로 1인당 기준으로 산정한 위탁대상자의 구체적인 생계, 교육, 의료비 등의 보호·양육비, 대상자를 보호하는데 필요한 종사자의 인건비, 위탁자가 거주하는 시설의 관리운영비 등을 구체적이고 세부적인 항목에 따라 단가를 계산하여 지급하는 범주별 보조금(categorical grant)이었다. 반면에 시민사회단체는 정부에 대한 재정 의존도가 약 17%로 아주 낮았으며, 미인가시설은 7.8%로 시민사회단체보다 더 낮은 의존율을 보였다. 물론 사회복지법인이나 시민사회단체에 관한 통계치가 국민계정에 의한 추계이고, 미신고시설의 경우는 국민계정에 의한 추계가 아니라 표집 조사한 결과이어서 세가지 공급주체들을 동일선상에 놓고 비교하는 것에는 문제가 있지만, 세 주체들이 재정에 있어 정부에 의존하는 정도를 비교하는 것에는 별로 문제가 되지 않는다고 본다.

또한 6개 민간기관의 사례분석에서는 문헌분서과 다른 결과를 보여준 부분도 있었다. 실제 사례분석에서 보면, 사회복지법인이 운영하는 사회복지시설의 경우는 정부에 대한 재정 의존도가 문헌분석보다 약 10% 정도 더 높게 나타났다. 2개소의 아동육아시설 모두 재정의 약 80%를 정부지원금에 의존하고 있었다. 나머지 20% 정도 범위 내에서 이 두 시설 간에 재정 구조에 있어 차이를 보였다. 우선 법인전임금의 차이가 꽤 크게 존재하였고, 이는 시설 종사자 인력의 차이로 나타났다. 법인으로부터 시설로의 전입금이 많을수록 정부가 규정하는 종사자의 수보다 더 많은 종사자를 고용하여 서비스 대상자의 다양한 욕구를 해결하고 있는 것으로 나타났다.

시민사회단체가 운영하는 사회복지시설이 정부에 재정을 의존하는 비율은 약 60%로 사회복지법인이 운영하는 시설보다는 낮았지만 정부 의존율이 상당히 높은 편에 속하였다. 이는 살라먼 (Salalmon)의 미국 비영리조직들에 대한 연구결과와도 상통하는 결과이다. 그는 미국의 비영리조직들 중에서 사회복지서비스부문에서 활동하는 비영리조직들은 다른 영역에서 활동하는 비영리조직들보다 정부부문에 대한 재정 의존도가 매우 높다고 보고하였다. 우리나라도 마찬가지 임을 알 수 있다. 왜냐하면 앞 4장 2절 <표 4-9>에서 한국 비영리조직들의 수입규모를 비교하였을 때 일반적으로 시민사회단체들의 정부 재정 의존율은 16.6%에 지나지 않았는데, 사회복지서비스를 제공하고 있는 민간단체의 정부에 대한 재정의존도는 60%를 상회하는 것으로 비교적 높은 정부 재정 의존도를 보여주었다.

　　그러나 시민사회단체가 운영하는 사회복지시설에 대한 정부의 보조금 지원방식은 사회복지법인이 운영하는 사회복지시설과는 상이하게 시설에 대하여 일괄적으로 운영비를 지원하는 방식이었다. 따라서 보조금의 지원방식이 일괄 운영비를 지원하는 방식으로 어느 정도 포괄적 보조금의 성격을 가지고 있었다. 따라서 보조금의 사용에 있어서 사회복지법인의 시설들보다 시민사회단체가 운영하는 복지시설들이 일정 부분 자율성을 행사하고 있었다.

　　미신고시설은 정부와 재정적으로 거의 연관이 없었다. 그러나 실제 민간기관의 사례에서는 조금 상이한 결과가 나타났다. '마' 그룹홈처럼 정부와 전혀 의사소통도 하지 않고 재원 의존율도 존재하지 않는 미신고시설이 있는 반면에 '바' 그룹홈처럼 실제로 보면 재정의 40% 정도를 어떤 식으로든 정부에 의존하고 있는 미신고시설도 있어서 편차가 크게 존재하고 있었다. 본 연구자의 생각으로는 법정 서비스를 제공하고 있는 미신고시설들의 대부분은 기관 차원에서 정부로부터 지원금이나 보조금을 받지 않는 다는 것이지, 시설에서 보호되고 있는 대상자 개인에게 주어지는 정부의 기초생활보장비용을 받고 있어서 어느 정도 정부의 재정지원이 생기게 되는 것으로 판단된다. 그리고 이 시설 생활자가 받는 기초생활보장비용이 시설 운영에 사용되는 것은 두 말할 필요가 없다. 미신고시설이 일반적으로 일하는 인력이 부족한 것을 고려하면 다른 시설들보다 민간의 후원금이나 기부금을 받기 위한 노력을 더 할 수 있으리라고 생각되지 않으므로, 실제로 시설 생활자가 받는 정부의 기초생계비용이 시설 운영에 사용되고 있다고 볼 수밖에 없으며, 이들이 차지하는 비율이 상당하게 되는 것으로 생각된다.

그러나 미신고시설의 보호대상자에게 지급되는 기초생활보장비용을 미신고시설이 어떻게 사용할 것인가는 미신고시설 자유재량이다. 즉 정부로부터 어떠한 간섭도 받지 않는다.

결국 사회복지법인이 운영하는 사회복지시설, 시민사회단체가 운영하는 사회복지시설, 미신고사회복지시설 들을 정부에 대한 재정 의존율 및 정부 보조금 지원 방식에 따라 유형분류를 하여 보면, 사회복지법인이 운영하는 사회복지시설은 정부지배형, 시민사회단체가 운영하는 사회복지시설은 정부·비영리동반자형을, 미신고사회복지시설들은 정부와의 관계가 별로 없어서 유형분류가 의미가 없어 보이나, 어떤 형태로는 정부로부터 오는 지원이 있는 미신고시설들의 유형을 분류하자면 비영리주도형이라고 할 수 있다. 이는 지원금은 있으나 그 사용에 있어 어떠한 정부의 간섭도 받지 않기 때문이다.

사회복지서비스 공급에 대한 지배구조는 기존 자료가 부족하여 6개의 민간기관들의 사례 분석을 통하여 결과들을 유형화할 수밖에 없었다.

　사회복지법인이 운영하는 사회복지시설의 경우, 대체적으로 사회복지서비스 제공에 대하여 정부 책임성의 강도가 이사회보다 강하였다. 그러나 사회복지법인의 형태에 따라 이사회의 책임성에 상당한 편차가 존재하였다. 개인이 설립한 사회복지법인의 이사회가 유명무실한 명목상의 기능을 하고 있었던 것에 반하여 종교단체와 같은 단체가 설립한 사회복지법인은 이사회가 사회복지시설의 운영에 미치는 실제적인 영향력이 상당하였다. 그리고 사회복지법인이 운영하는 시설과 정부 간의 상호작용은 두 시설 모두 상호작용과 정부통제가 많은 수준(Level 5)였다.

　시민사회단체가 운영하는 사회복지시설의 경우, 사회복지서비스 공급에 대한 책임성은 내부지배구조나 외부지배구조가 비슷하게 나타났다. 시민사회단체의 이사회 혹은 본관이 시설 운영 전반에 걸쳐 영향력을 행사하고 있었다. 사업내용이나 비용지출에 있어 보고하고 감독하는 자기감독기제(self-govening)의 역할을 하고 있었다. 반면에 사회복지법인이 운영하는 사회복지시설처럼 정부로부터 규제를 받거나 지도·감독을 받고 있지는 않았고, 이사회나 본관의 규제가 많은 것도 아니었다. 시민사회단체와 정부의 상호작용은 서비스 공급을 위한 전반에 걸쳐서 발생하는 것이 아니라 사례에 따라 일정 정도 비정기적으로 작용이 일어나는 수준(Level 3)이었다.

　미신고시설은 자기감독기제(self-governing)에 있어서 시설간 편차가 가장 심하였다. '마' 그룹홈과 같이 시민사회단체의 이사회나 본관에 해당하는 엄격한 자기감독기제를 개발하여 스스로 운영하고 있는 기관이 있는 반면에 '바' 그룹홈처럼 자기감독기제이건 정부의 지도·감독이건 책임성의 사각지대에 놓여 있는 기관들도 있다.

　결국 사회복지서비스 공급에 대한 책임성과 정부와의 상호작용

수준에 따라 각 사회복지서비스 공급 주체의 유형을 살펴보면, 사회복지법인은 정부지배형으로, 시민사회단체는 정부·비영리동반자형으로, 미신고시설의 경우에는 비영리주도형이거나 아니면 책임성 기제가 전혀 없는 유형으로 분류할 수 있다.

이상의 분석을 종합하면, 한국의 민간비영리 사회복지부문은 정부와의 관계를 다르게 형성하고 있는 상이한 주체들로 구성되어 있다. 전통적으로 사회복지서비스를 공급하여 왔던 사회복지법인은 정부와의 협력관계에서 정부지배적인 유형으로 협력관계를 형성하고 있다. 그리고 아직까지는 우리사회 내에서 사회복지서비스 공급의 가장 지배적인 형태라고 볼 수 있다.

1980년대부터 활성화되어 사회복지서비스 공급에 새롭게 진입한 시민사회단체는 대체적으로 정부와의 협력관계를 정부·비영리동반자형으로 형성하고 있다.

마지막으로 사회복지서비스 공급에 있어서 상당한 역사를 가지고 있는 미신고시설은 시설간 편차가 심하여 유형화에 어려움이 있지만 대체적으로 비영리주도형으로 볼 수 있다.

<표 4-21> 한국 비영리 사회복지 공급 주체들에 대한 분석 결과

분류 \ 기관		사회복지법인	시민사회단체	미인가시설
비영리부문 서비스 공급기능	문헌 분석	정부공급대행	정부공급보완	정부공급보족 (supplement)
	사례 분석	정부공급대행	정부공급보완 및 선도	정부공급보족 (supplement)
서비스내용	문헌 분석	법정빈곤대상자 중심의 수용, 보호 (법정서비스중심)	새로운 시설형태, 청소년성문제와 같은 새로운 대상층 (비법정서비스제공)	법정빈곤대상자 와 빈곤계층의 수용, 보호 (법정+비법정)
	사례 분석	법정서비스 정부공급 보완하려는 미약한 시도	프로그램 내용에 있어 혁신적/ 새로운 서비스 개발 제공	법정 서비스 보완 선도적 프로그램
정부 재정지원	문헌 분석	매우 높음(약70%)	낮음(약 17%)	매우 낮음(7.8%)
	사례 분석	매우 높음(약 80%)	높음(약 60%)	전혀 없음/ 40%의존 공존
정부 지원금 형태	문헌 분석	범주별 보조금	포괄적 보조금	-
	사례 분석	범주별 보조금 (위탁에 대한 전체 비용지급)	포괄적 보조금 (프로그램별지원)	-/범주별 보조금
사회복지 서비스 공급 지배구조 (governance)	문헌 분석	이사회책임성 〈정부책임성	*	*
	사례 분석	이사회책임성 〈정부책임성	이사회책임성 또는 자기감독기제 =정부책임성	자기감독기제 (self-governing)/ 책임성의 사각 (死角)지대
정부와 비영리의 상호작용 수준	문헌 분석	공식적 상호작용이 긴밀히 이루어지고 정부 통제 강함	*	상호작용 거의 없음
	사례 분석	공식적 상호작용이 긴밀히 이루어지고 정부 통제 강함(Level5)	공식적 상호작용이 긴밀히 이루어지고 정부 통제 강함(Level 3)	상호작용 거의 없음

*: 분석에 필요한 해당 문헌자료가 미흡하여 사례연구로 보완하였다.

제5장 결 론

5.1. 결 론

다원주의 확대, 민주주의 발전, 정부의 역할 변화 등 20세기 말의 시대적 변화는 오랫동안 관심 영역의 밖에 머물렀던 민간비영리조직의 급격한 양적 확대를 가져왔고, 그 속에서 현대복지국가에서 시장 및 국가의 실패로 남겨진 집합재인 사회복지서비스를 제공하는데 있어서 비영리조직의 중요성에 의문을 표하는 사람은 없는 것 같다. 이는 민간비영리조직이 사적으로 운영되지만 다수와 공익을 대변하는 조직적 특성을 가지고 있기 때문에 준공공재인 사회복지서비스를 전달하기에 적합한 대안으로 간주되기 때문이다. 좀 더 구체적으로 말하면 국가가 서비스를 제공함으로써 생겨나는 비경쟁성과 수급자의 욕구에 반응하지 못하는 문제를 비영리조직은 해결할 수 있으면서, 영리조직과는 다르게 이윤추구를 하지 않기 때문에 이윤 동기에 의하여 수요와 공급이 결정되지 않는 공공재를 제공할 수 있다는 것이다.

대부분의 선진 국가들은 사회복지서비스 공급을 위한 정부와 시장의 이원체계가 먼저 확립되고, 그후 복지국가 위기로 인하여 준공공재인 사회복지서비스를 공급하는데 민간비영리부문이 적절한 대안적 공급체로 강조되고 있다. 이런 경향 속에는 사회복지서비스를 공급하는데 있어 정부와 민간비영리조직 각각의 단점 및 장점에 대한 논의들을 거쳐 이 두 주체 간의 역할관계 형성을 어떻게 할 것인가가 사회복지에서 중요한 이슈로 논의되고 있다.

우리나라는 독립적인 민간비영리조직의 경험이 없이 사회복지

174

서비스 전달체계의 설립초기부터 민간비영리조직인 사회복지법인을 공적 목적으로 활용하여 왔다. 그래서 정부의 허가를 받은 사회복지법인들이 정부를 대신하여 사회복지서비스를 제공하고, 이에 대한 비용을 정부로부터 지원 받는 형태가 지배적이었다. 그러나 1980년대 말부터 절차적 민주주의의 확대로 인하여 시민사회가 성장하게 되고, 이와 병행하여 사회복지부분에서도 규제를 완화하는 변화들이 발생하였다. 기존의 생활시설중심의 사회복지서비스에서 이용시설의 설립을 통한 사회복지서비스 제공이 확충되기 시작하였다. 그리하여 사회복지관, 장애인종합복지관, 노인복지관, 재가봉사센터, 보육시설, 여성회관, 청소년회관 등의 설립이 1987년 이후 급격하게 늘어나게 되었다. 또한 1991년에 영유아보육법에서 국가와 사회복지법인은 물론 개인과 기업, 종교단체도 보육서비스를 제공할 수 있도록 하였고, 1993년의 개정된 노인복지법에서도 재가노인복지사업과 유로노인복지시설의 운영을 개인과 기업이 시·도지사의 허가를 받아 수행할 수 있도록 하였다. 1997년에 개정된 사회복지사업법에서 시설을 허가제에서 신고제로 전환하고, 1999년 아동복지법이 개정되는 등 잇단 일련의 사회복지법들의 제·개정으로 민간부문의 사회복지참여를 활성화 하도록 제도적 진입 장벽을 낮추게 되었다. 이러한 과정에서 정치·행정·경제·사회개혁 등을 외치며 권력과 대립적 위치에 있던 시민사회단체나 법적 근거 없이 존재하였던 미신고시설들이 사회복지서비스 공급의 새로운 주체로 참여하게 되는 변화들이 사회복지부문에서 발생하였다. 이러한 일련의 환경변화와 더불어 사회복지서비스 부문에서 본격적으로 정부와 민간의 역할 분담이 논의되기 시작하였다.

　본 연구는 사회복지부문에서 일어나고 있는 이러한 변동하에서 한국의 사회복지서비스 공급 주체인 민간비영리조직의 구조적 특성을 정부와의 관계를 중심으로 분석하여 한국의 민간비영리사회복지공급주체들에 대한 이해를 높이고자 하였다. 이는 현재 사회복지서비스 부문에서 논의 되고 있는 정부와 민간사회복지부문의 역할 분담의 문제를 규명하기 위하여는 한국의 민간비영리부문의 구조적 특성을 분석하여 볼 필요가 있기 때문이다. 그래야만 한국의 민간비영리부문이 사회복지서비스를 제공할 수 있는 적절한 대안인지를 논의할 수 있다. 특히 오늘날의 역할 분담의 논리가 정부와 민간비영리부문이 서로의 실패를 보완하고 서론의 장점과 단점을 잘 보완할 수 있는 관계를 이루고자 하는 것을 전제로 하는 것이기 때문에, 우리나라 민간비영리조직들의 구조적 특성이 어떤 한지를 알아야만 그러한 관계 설정을 위한 정책방향을 수립할 수 있다.

따라서 본 논문은 기존의 문헌들과 6개 민간사회복지기관들을 대상으로 서비스 공급 기능과 내용, 재정체계와 정부보조금 지급 형태, 사회복지서비스 공급 책임성에 대한 정부와 이사회의 지배구조(governance) 및 정부와 비영리 사회복지부문 간의 상호작용의 수준들을 분석하여 한국 민간비영리 사회복지부문의 구조적 특성을 파악하였다. 6개의 사례들은 전통적인 사회복지공급 주체인 사회복지법인이 운영하는 아동육아시설 2 개소, 시민사회단체가 운영하는 사회복지시설인 쉼터 2 개소, 미신고시설인 그룹홈 2 개소를 선정하여 현재 사회복지서비스 공급 주체의 변화를 다 포괄하려고 노력하였다. 이 사례를 통한 구체적인 분석이 문헌검토에서 결여된 분석부분들을 보완하였다.

분석의 결과 한국의 사회복지서비스 공급주체인 사회복지법인, 시민사회단체, 미신고시설 등이 정부와의 관계에서 가지는 특징은 다음과 같았다.

사회복지법인이 운영하는 사회복지시설은 전형적으로 국가책임의 사회복지사업을 대신하여 수행하고 있어서 서비스의 대상이 법정 영세민 계층에 한정되어 있었다. 정부가 사회복지법인에게 법정빈곤 대상자들을 위탁의 형식으로 수용·보호할 것을 요청하고, 이에 대한 반대급부로 대상자의 보호·양육에 드는 비용을 지원하고 있다. 따라서 사회복지법인이 운영하는 시설은 정부에 대한 재정의존도가 매우 높다. 정부가 이 위탁 사업에 드는 비용을 양육과 보호에 필요한 세부적인 항목에 따라 지급하고 있어서 보조금 지출에 있어 시설의 자유재량이 생길 여지가 전혀 없다. 또한 정부의 지도·감독의 수준도 관리적 측면에서 규제가 강하여 사회복지법인이나 시설의 자율성이 아주 낮게 나타났다. 결국 사회복지법인과 정부의 관계는 상호작용이 공식적으로 이루어지고 있고, 정부통제가 매우 강하다. 그래서 사회복지법인은 서비스의 대상자 선정에서부터 서비스내용, 비용 등에 이르기까지 자율성이 거의 없이 정부가 위탁하는 사업을 일방적으로 대행하고 있다. 따라서 정부지배적인 협력관계 유형으로 분류된다.

시민사회단체는 사회복지법인과 상이한 정부와의 관계를 형성하고 있다. 시민사회단체는 새로운 빈곤 계층인 실업자나, 노숙자 그리고 청소년 가출 및 성문제, 성폭력 등의 문제를 지닌 사람들로 서비스 대상자 층으로 포괄하고 있어서 대상자층이 사회복지법인이 운영하는 복지시설들보다 다양하다. 그러나 시민사회단체들도 이들에 대한 서비스 공급의 재정은 주로 정부에 의존하고 있었다. 시민사회단체가 운영하는 사회복지시설의 정부 재정 의존율이 60%가 넘는 것으로 나타나서, 사회복지법인이 운영하는 시설들보다는 상대적으로 정부재정 의존도가 낮은 것이지 절대적

인 면에서 낮은 것은 아니다. 시민사회단체의 정부재정의존도가
생각보다 높음에도 불구하고 정부 보조금의 지원 방식이 사회복
지법인이 운영하는 시설과는 상당히 다른 것으로 나타났다. 시민
사회단체가 운영하는 사회복지시설은 정부로부터 일괄적으로 시
설 운영에 드는 비용을 지원 받고 있었다. 위탁에 따른 세부적 보
호 단가에 따른 지원이 아니라 프로그램을 일괄 운영하는데 드는
비용을 지급 받는 것이어서 포괄적 보조금의 형태에 가깝다고 볼
수 있다. 따라서 시민사회단체는 서비스 대상자의 선정이라던가
서비스의 내용에 있어서 민간 기관의 자율성을 가질 수 있었다.
또한 시민사회단체가 운영하는 시설은 사회복지법인이 운영하는
시설과 다르게 시설의 사회복지서비스의 수행에 관한 의사결정과
정과 평가에 있어 법인의 이사회, 혹은 총회나 본관의 책임성이
정부의 책임성만큼 강한 것으로 조사되었다. 이사회나 총회, 혹은
본관이 자기감독기제(self-governing)로 시설 사업에 대한 내용과
예/결산의 결정, 그리고 지출을 심의하는 역할을 하고 있었다. 그
리고 정부의 지도·감독 역시 사회복지법인이 운영하는 시설만큼
규제적이고 관리적이지 않았다.

시민사회단체와 정부의 상호작용은 서비스 공급 전반에 걸쳐서
발생하는 것이 아니라 프로그램에 따라 일정 정도 비정기적으로
상호작용을 하고 있는 것으로 분석되었다. 이러한 분석을 종합하
여 볼 때 시민사회단체와 정부와의 관계는 정부·비영리동반자형
으로 분류된다.

미신고시설은 시설 간에 편차가 커서 유형화 하기에 어려움이
많았다. 우선 미신고 시설들이 정부에 재정적으로 상당히 의존하
고 있으면서도 그것을 기관 자체가 정부 재정에 의존하는 것으로
보고 있지 않다는 것이다. 미신고시설의 보호 대상자들 중에서 상

당수가 기초생활보호대상자들로서 이들에 대한 보조를 정부로부터 받아서 시설의 운영에 사용하고 있으면서도, 이에 대한 책임성 기제가 정부측에서나 미신고시설 측 어디에서도 개발되어 작용하고 있지 않았다. 즉 대부분의 미신고시설들이 서비스 공급 책임성의 사각지대에 놓여 있다. 반면에 전혀 정부와의 관계를 맺지 않고 민간 후원금에만 전적으로 의존하여 시설을 운영하고 있는 미신고시설들도 존재한다. 간혹 이런 시설 중에 자기감독기제를 개발하여 서비스 공급에 대한 책임성을 평가하고 있는 시설이 존재하기도 한다. 그러나 이 경우에도 시민사회단체가 운영하는 사회복지시설만큼 자기감독기제를 엄격하고 강하게 발달시키지는 못하였다.

그리고 미신고시설은 서비스 대상자에 있어서 사회복지법인이 운영하는 시설과 마찬가지로 법정 빈곤계층에게 보호와 양육서비스를 제공하는 시설이 있는가 하면 시민사회단체가 운영하는 사회복지시설처럼 새로운 사회문제를 가진 대상자에게 혁신적이고 선도적인 프로그램을 제공하고 있는 시설도 있었다.

결국 미신고시설은 정부와의 협조관계를 유형화하기 힘든 부분이 있지만 분석의 전체적인 결과를 고려하여 분류화를 시도한다면 비영리주도형으로 볼 수 있다.

이상과 같이 본 연구는 정부와 민간비영리부문의 역할 분담의 방향 모색을 위하여 필수적 전제인 한국 민간비영리 사회복지부문의 구조적 특성을 정부와의 협조관계를 중심으로 파악하여 보았다. 현재 한국의 민간비영리 사회복지부분은 이전에 수동적이고 의존적인 대정부관계를 유지하여왔던 단일한 공급주체에서 탈피하여 정부와의 관계를 다르게 설정하고 있는 다양한 공급 주체들이 참여하고 있는 다원화된 형태를 보여주고 있다. 따라서 앞으로의 과제는 사회복지서비스 공급을 위하여 정부는 비영리부문의 실패를 보완하고 동시에 비영리부문은 정부의 실패를 보완하는 역할 관계가 이상적으로 작용할 수 있는 토대를 마련하는 것이다.

본 연구의 결과는 사회복지서비스부문에서 정부와 민간비영리부문의 협조관계 유형을 분석하는 분석모형에 있어 새롭게 고려해 보아야 할 사항들을 제시하였다는 점에서 이론적 측면에 기여하는 부분이 있다. 또한 사회복지법인만이 아니라 시민사회단체와 미신고시설을 포괄하여 정부와 비영리부문 간의 관계를 분석하였기 때문에 실증적 측면에서 비영리부문 전체를 포괄하였다는 점에서 기여하는 부분이 있다.

그러나 한국 민간비영리부문 전반에 관한 자료와 사례분석을 통하여 거시적인 맥락과 미시적 맥락에서 균형적으로 논의하려고 하였지만 문헌자료의 한계로 인하여 거시적인 분석과 미시적 분석이 같은 수준에서 논의되지 못하고 일부 분류 기준에서는 사례분석만으로 비영리 사회복지부문의 특성을 논의할 수밖에 없었던 점이 본 연구의 한계로 남아 있다.

5.2. 제 언

본 절에서는 사회복지 서비스를 공급하는데 있어 민간비영리조직의 특성을 충분히 활용할 수 있도록 하기 위한 방안들을 살펴본다. 민간비영리부문이 사회복지서비스 공급에 있어 복지국가의 대안으로 그 중요성이 증가하고 있는 것은 이들 조직이 가진 특성이 영리조직과 달라서 공적인 서비스를 제공하기에 적합하기 때문이다. 단순하게 표현하면 민간비영리부문의 강점 때문이라는 것이다. 민간비영리부문은 정부가 공급하지 않는 집합적 재화를 제공하는 역할과 서비스 제공에 대하여 시장실패와 정부실패를 감시하는 역할을 할 수 있는 강점, 그리고 정부무문의 지나친 경직성, 영리부문의 부적절한 경쟁 및 비인간성을 극복할 수 있는 강점들이 있다. 그러나 이와 같은 강점들은 비영리부문의 특성을 인정하고 활성화 할 수 있는 제도적 여건이 얼마나 마련되어 있는가에 따라 미치는 영향력이 다르다.

따라서 본 절에서는 우리나라 민간비영리 사회복지부문을 활성화시킬 수 있는 방안을 제도적으로 보완되어야 하는 부분과 민간부문 내부에서 보완되어야 하는 부분으로 나누어 살펴본다.

5.2.1. 민간비영리 사회복지부문 활성화를 위한 제도적 전략

비영리 복지부문은 정부의 지원 없이는 존속할 수 없다. 민간비영리부문이 저소득층에 대한 서비스를 안정적으로 제공하기 위하여는 정부의 지원이 필수적이다. 이는 비영리조직의 연구 권위자인 살라먼 교수에 의해 비영리조직 실패이론으로 명명되기까지 하였다. 민간비영리부문이 가지고 있는 재원의 불충분성(insufficiency), 자선의 특수주의(particularism), 자선의 가부장주의(paternalism), 그리고 자선의 비전문성(amateurism)이 비영리부분의 중요한 한계이자 실패의 원인이므로, 이를 보완하여 주기 위하여 정부와의 협조가 필요하다는 것이다. 정부와 비영리부문이 협조하게 되면, 정부가 안정적인 재원 확보를 가능하게 하므로 필요한 서비스가 안정적으로 제공될 수 있고, 기부자들의 소망에 따라 특수한 집단에 초점을 맞출 수도 있으며, 지원의 수준의 격차와 중복을 가져오는 특수주의도 피할 수 있고, 민주적인 절차에 기초하여 우선 순위를 결정하는 것도 가능하게 된다. 또한 정부 지원으로 복지서비스를 제공함으로써 보편적 권리로서 권리로서 서비스 제공이 가능하게 되어 비영리부문의 가부장주의를 상쇄할 수 있으며, 서비스 질의 통제 기준을 설정하여 서비스의 질을 향상시킬 수 있다. 이와 같이 정부와 민간비영리부문 간의 협조는 정부는 민간비영리부문의 실패를 보완하고 동시에 민간비영리부문은 정부의 실패를 보완하기 위하여 서로에게 이익이 되는 방법이다. 하지만 이런 협조관계는 어느 한쪽이 우위에 서는 일방적인 관계가 되어서는 안되고 서로의 장점을 잘 보완해 줄 수 있는 동등한 관계가 되어야 한다. 따라서 이러 관계 정립을 위하여 마련되어야 하는 여건들을 제안하고자 한다.

첫째, 정부의 다차원적 책임성의 증대가 요구된다. 재원적 측면뿐 아니라 복지서비스의 질과 전문성을 보장할 수 있는 지도·감독을 수행할 수 있는 정부의 적극적인 활동이 필요하다.

재정지원의 측면에서 정부는 다양한 보조금 제도를 통하여 민간비영리부문에 대한 지원을 확대하여야 한다. 그리고 이 지원은 비영리조직의 자율성, 재량권을 침해하지 않으면서도 서비스 질의 통제를 할 수 있는 정부 책임성 기제하에 그 결과에 대하여 객관적인 평가가 함께 이루어져야 한다. 또한 민간비영리조직에 대한 직접적인 지원의 확대뿐 아니라 자율적인 민간의 모금 환경을 조성하고, 사회복지기부에 대한 적극적인 조세지원제도도 필요하다. 현재의 「기부금품모집규제법」은 일정금액 이상의 모든 사회복지기부와 모금은 당국의 허가를 받도록 되어 있다. 물론 이 법은 정부가 모금기관에 대하여 모금에 대한 책임성을 확보하려는 취지로 제정된 것으로 이해가 되지만 실제적으로 민간 모금활

182

동에 장애가 되고 있다. 따라서 민간비영리 사회복지조직들이 자유로이 기부금품 모집하게 하되 사후감독을 엄격히 하는 법을 제정하여 민간 모금 기관의 책임성과 투명성을 확보하는 방향으로 나아가야 한다.

제공되는 사회복지서비스의 질을 통제 하면서도 민간비영리부문의 자율성을 보장하는 방향으로 현재 실행되고 있는 정부의 지도·감독 내용이 변화되어야 한다. 앞에서 설명한 것처럼 지도·감독은 어떤 사람(또는 기관)이 다른 사람(또는 기관)의 행위에 대해서 그 행위의 목적에 비추어 타당한 가의 여부 등을 감시하고 필요에 따라 지시·명령을 행하는 것을 말한다. 따라서 이는 서비스의 제공을 제대로 수행하고 있는 가를 살펴보는 관리적 기능과 서비스 수행이 제대로 될 수 없는 부분을 보완하여 수행할 수 있도록 하는 교육적 기능, 원조적 기능을 수행할 수 있어야 한다. 그러므로 정부의 지도 · 감독이 이 세 가지 차원에서 수행될 수 있는 내용으로 전환될 필요성이 있다. 현재 감독관청의 공무원 재량에 전적으로 의존하고 있는 사업 내용 현장 실사 및 회계감사 위주의 지도·감독 체계로는 관리적 기능의 지도·감독은 어느 정도 수행할 수 있으나 교육적 기능이나 원조적 기능의 지도·감독은 전혀 이루어지지 않는다.

따라서 지도 · 감독의 내용이 변화하기 위해서는 우선 전문복지담당공무원의 확대가 시급하다. 일선 감독기관의 공무원이 실제로 사회복지서비스에 대한 전문성이 부족한 일반 행정관료인 경우가 많고, 이로 인하여 보건복지부의 지침이나 공문을 잘 못 해석하거나 제대로 적용하지 않는 경우도 많다. 이런 면이 행정기관의 공무원의 지도·감독을 일관성이 없는 민간비영리부문에 대한 간섭으로 보이게 만든다. 또한 지도·감독에 교육적인 내용이

첨가되어야 한다. 연세대학교 동서문제연구원이 400개의 '민간단체조사'에 대한 조사를 하였을 때 시민사회단체나 사회복지서비스단체들이(사회복지법인을 포함) 민간 기관의 가장 큰 문제점으로 '직원이나 자원봉사자의 교육 및 훈련의 필요성'을 들었던 것에서도 교육적 기능의 관리 감독의 필요성이 잘 드러난다.

또한 사회복지시설을 운영하는 단체들에게 운영의 자율성을 보장하면서도 시설 운영의 투명성을 확보 할 수 있는 정부의 관리체계가 구축되어야 한다. 현재 정부가 사회복지법인에 하고 있는 관리적 지도·감독의 형태인 영수증비교, 물품대장비교 등과 같은 회계감사는 대폭 축소하고, 사회복지지원금을 받는 시설에게로 한정하고 있는 시설의 예산 및 결산관리, 기부금·품 관리 등을 사회복지사업을 하는 모든 사업자에게 확대할 필요가 있다. 즉 사회복지시설을 하고 있는 모든 주체들은 시설 운영의 투명성을 확보할 수 있도록 만드는 제도적 기반을 구축되어야 한다. 그래야만 사업 예/결산 사용에 대하여 보고 체계가 없는 미신고시설이나 임의단체들에서 흔히 운영비나 기부금이 대상자의 복지와는 전혀 상관 없이 운영자나 설립자의 개인적 목적을 위하여 전용되는 사례가 발생하지 않도록 막을 수 있으며, 보호 대상자에 대한 비인간적 처우와 비인간적 서비스가 제공되는 것을 막을 수 있다.

둘째, 정부와 민간비영리부문 간의 교류와 협력을 강화하여 사회복지서비스 정책을 만들고 시행하기 위하여는 사회복지사업법이나 관련 서비스 법에서 규정하고 있는 협의회나 연합회[53]의 기능을 정상화시키는 제도적 여건이 마련되어야 한다. 이들 조직들이 법에서 규정하고 있는 역할들을 수행할 수 있도록 지원해 주

---

[53] 예를 들어 한국사회복지협의회나 아동복지시설연합회 등과 같은 단체들을 말한다.

어야 한다. 예를 들면, 각 부문의 사업과 관련하여 조사·연구의 역할을 가지고 있는 협의회에게는 조사·연구가 진행될 수 있도록 여건을 마련하여 주고, 그 결과를 정책에 반영하여야 한다. 또한 직능단체 연합회나 협회가 회원들을 중심으로 마련한 사회복지서비스 부문에 대한 건의나 요구가 정책반영 될 수 있도록 하여야 한다. 현재와 같이 사회복지서비스에 대한 정책을 만들 때마다 문제가 되는 사안에 대하여 전문지식이 있는 사람들과 경험이 풍부한 인물중심의 각종 '위원회'를 구성하고, 이 위원회가 조사하고 연구한 '안'만을 가지고 정책을 만들고 법을 수정하는 것이 아니라, 연합회나 협의회와 같은 기관들이 각 기관의 설립목적에 맞는 조사와 연구를 충실히 할 수 있도록 여건을 마련하여 주고, 그 속에서 나온 결과들이 사회복지서비스 정책의 방향 설정의 근거로 사용되어야 한다. 적어도 이들 기관들의 의견이나 건의사항 등이 수렴되어 정책에 반영되거나 실행에 반영되어야 한다. 그리고 이러한 지원은 각 협의회나 연합회 간의 경쟁을 부추키지 않는 방향으로 이루어져서 이들 간의 수평적 협력이 가능하게 만들어야 한다.

마지막으로 가장 기본적이면서 궁극적으로 시행되어야 하는 일은 비영리부문의 활성화에 걸림돌이 되는 법·제도적 환경을 개선하여야 한다.

5.2.2. 민간비영리 사회복지부문 활성화를 위한 내부의 전략

여기서는 민간비영리 사회복지부문이 비영리적 특성을 갖도록 민간비영리부문 내부적으로 변화되어야 하는 전략들을 살펴본다.

첫째, 민간비영리부문 내에서 연대와 협조가 이루어져야 하고,

이를 위한 공식적인 통로가 마련되어야 한다. 본 연구에서 살펴본 것처럼 현재 한국의 사회복지서비스 공급에 참여하고 있는 민간 비영리주체들은 다양하다. 전통적인 복지서비스 공급자였던 사회 복지법인에서 시민사회단체나 미신고시설 등으로 서비스 제공자 가 확대되었고, 서비스를 제공하는 시설의 종류도 다양화되고 있 다. 그리고 이 주체 들의 특성 역시 조금씩 다르다. 일반적으로 사회복지서비스를 제공하는데 있어서 제1민간 조직이었던 사회 복지법인은 서비스를 제공하는데 있어서 수동적이고 비주체적이 고 사회문제 해결에 민감하지 못한 문제점을 가지고 있는 반면에 서비스를 제공하는 일을 수행하는 데 있어서는 상당한 노하우와 축적된 전문지식이 있다. 그러나 사회복지법인과는 반대로 제2민 간 조직인 시민사회단체의 경우는 전통적으로 우리사회의 개혁과 정책감시, 비판의 역할을 주로 수행하여 왔기 때문에 사회문제해 결과 사람들의 욕구에 대하여는 아주 민감하다. 따라서 지역사회 나 서비스 대상자의 욕구를 문제화하고 대응하는 데는 상당히 축 적된 노하우가 있는 반면에 직접적 서비스 제공을 위한 전문적인 지식이나 경험은 부족하다. 따라서 이 두 주체가 협력하게 되면 그 시너지 효과가 매우 클 것이라고 판단된다.

그러나, 1990년대 말 경제위기를 경과하면서 이와 상반된 이야 기를 쉽게 듣는다. 사회복지 영역에 대한 시민사회단체의 참여가 시너지 효과를 창출하기보다는 사회복지관의 역할을 축소시킴과 동시에 사회복지서비스를 왜곡한다는 것이다(이창호, 1999). 물론 주로 기존의 사회복지영역 내부의 목소리이지만, 시민사회단체들 에서도 자주 들린다.

민간비영리조직이 비영리부문으로서의 특성을 유지하기 위해 서는 한편에서 복지의 직접적인 서비스만을 제공하고, 다른 한편에서 사회문제를 해결하는데 민감하여 문제를 인식하고 해결을 위한 행동을 하는 것에만 몰두하는 이원적 체계가 아니라 지역사회의 문제를 파악하여 이것을 해결하기 위한 행동으로 직접연결하거나 프로그램이나 서비스를 제공할 수 있도록 하기 위한 서로 간의 노하우를 교환하는 수평적 연대체계가 필요하다[54]. 이런 의미에서 볼 때 2000년 9월에 형성된 '한국청소년 쉼터협의회'는 청소년 쉼터를 운영하고 있는 시민사회단체와 사회복지관이 연대한 연합체이어서 그들의 활동이 기대되고 긍정적으로 보여진다.

둘째, 개별적인 민간기부에 대한 투명성과 책임성을 자율적으로 증대하는 기제가 마련되어야 한다. 민간기부 중에서도 민간단체의 지원인 경우에는 지원하는 기관들이 나름대로 사업을 평가하고 재원을 규제하는 척도가 있다. 그러나 개별적인 기부의 경우에는 대체적으로 익명으로 하는 경우도 많고, 기부에 관한 영수증이나, 기부한 돈이 어떻게 사용되었는지에 대한 요구가 없는 경우가 많다. 그래서 현실적으로 많은 사회복지시설들이 개별적 기부에 대한 투명성을 확보하는 것에 큰 노력을 기울이지 않는다. 사회복지사업을 수행하는 단체가 종교 단체라던가 시민사회단체라고 하는 것이, 즉 도덕적인 단체라는 것이 기부금 사용에 대한 책임성을 정당화하는 것은 아니다. 따라서 민간비영리조직들은 내부적으로 재원의 사용에 있어서 투명성을 확보하는 기제를 자율적으로 마련하여야 한다. 이 투명성의 확보가 비영리조직을 비영리부문답게 만드는 것이다. 바로 이와 같은 기제들이 확보될 때

---

[54] 한국의 지역사회에 기반하고 있다는 사회복지관이 지역주민들로부터 외면당하는 가장 큰 이유가 지역문제 해결에 관심을 두지 않고 서비스의 직접적인 수혜에만 관심이 있다는 점 때문이다. 이런 경향성은 빈민지역 사회복지관의 경우 더욱 두드러진다.

비영리조직을 사조직과 구분되는 공익성을 가진 조직으로 만들게
된다.

셋째, 민간의 지배구조인 이사회가 제 기능을 하여야 한다. 사
회복지시설의 운영에 있어 아무런 영향력도 행사하고 있지 않으
면서, 조직의 존립을 위하여 절차상으로만 존재하는 이사회가 아
니라 실제로 시설이 수행하는 사업들을 지도 · 감독하고, 시설 운
영의 방향을 설정하고, 시설을 운영하는데 직접 참여하는 기구이
어야 한다. 이를 위하여는 우선 이사회의 구성부터 변화되어야 한
다. 시설 장이나 기관장과 안면이 있는 사람들로 이사회를 구성할
것이 아니라, 각 기관이나 단체가 제공하는 사회복지서비스의 전
문성과 관련하는 사람들을 중심으로 구성해야 한다. 그리고 이사
로 참여하게 되는 이도 유명무실한 활동을 할 것이 아니라 이사
직을 통해 보다 사회에 공헌한다는 사명감을 가지고 능동적이고
주체적으로 임무를 수행해야 한다.

참고문헌

<원자료>

6개 시설 면접조사자료
시설 총무와 사회복지공동모금회 면접조사자료
통계청, 보건복지부 통계자료

<국내문헌>

강명구(2000), "정부와 NGO관계: 국가와 시민사회 상호강화(mutual empowerment)를 위한 비교론적 검토", 「정부와 NGO」, 한국행정학회 2000년도 기획 세미나 자료집.

국무조정질(2000), 「청소년 성매매 방지대책」, 국무회의 보고자료.

김동건(1986), "도시 및 지역개발을 위한 재원조달 및 민간 참여방안에 관한 연구", 「행정논총」, 제24권 제2호, 서울대 행정대학원.

김보현·김용래(1982), 「지방행정의 이론과 실제」, 서울: 법문사.

김석산(1987), "민간사회복지단체의 역할과 발전방향", 「사회복지연구」 제15권, 대구 대학교 사회복지연구소.

김영모(2000), 「빈곤, 가족해체, 시설보호」, 중앙대학교출판부.

김인숙(1998), "종교계 사회복지 참여 현황 및 활성화 방안", 「사회복지」, 겨울, 통권 제139호.

김태구·백종섭·신희영 공저(1999), 「복지행정론」, 서울: 대영.

남세진·조흥식(1995),「한국사회복지론」, 서울: 나남.

문용린(1993), "시민단체의 활성화방안과 시민단체에 대한 정부의 지원방향", 「국민의식개혁과 시민단체의 역할」, 서울대학교 사회과학대학 부설 인구 및 발전연구소.

문인숙(1990), "1950년대 사회사업소고", 「사회복지의 이론과 실제」, 인석 장인협 교수 퇴임 기념논집간행위원회.

박경원(1981), "도시공공서비스 공급의 민간화에 관한 연구", 박사학위논문, 연세 대학교.

박경호(1992), "공공서비스 생산과 민간화에 대한 평가", 「한국행정학보」, 제25권 제4호, 한국행정학회.

박석돈(1991).「사회복지서비스법」, 서울: 도서출판 두엄.

박태규(2002), "한국비영리부문의 규모추계와 구조", 「한국비영리학회연구」 제1권, 제2호 p.19.

백종만(1996), 해방 50년과 남한의 민간복지, 「상황과 복지」창간호, 한국사회복 지학 연구회편.

변용찬(1996), "무허가 사회복지시설 신고제의 과제", 서울복지포럼 자료집.

변용찬 외(1996), 「사회복지 수용시설의 현황과 정책과제」, 정책연구자료 96-04, 한국보건사회연구원.

보건복지부(1999), 「98보건복지백서」.

보건사회부(1992), 「92주요업부자료」.

보건복지제도개혁위원회(1996), "사회복지시설 운영 및 내실화방안", 정책토론회 발표자료: 96.08 보건복지부.

서울특별시사회복지협의회 (1996), "무허가 사회복지시설 신고제의 과제", 서울복지포럼자료집

성민선 외(1997), 「공동모금회의 운영 및 기능에 관한 연구」, 한국사회복지협의회 '97 정책과제연구.

신섭중·부성래 공역(1987), 「사회복지기관의 재무관리」, 대학출판사.

신태곤(1991), "한국경제성장과 사회복지정책의 방향", 「사회복지연구」제1집.

우리사회복지연구회(1995), "시민운동으로서의 사회복지운동의 전망", 우리사회복지연구회 창립 1주년 기념 심포지움 자료집.

원요한(1998), 「사회복지법인 및 시설: 이론과 실무」, 서울: 백산출판사.

유팔무 (1998), "비정부사회운동단체(NGO)의 역사와 사회적 역할", 「동서연구」제10권, 제2호

유팔무·김호기 공편(1997), 「시민사회와 시민운동」, 서울: 한울출판사, 한국사업사회학회 춘계학술자료집.

이근홍(1993), "사회복지의 공공부문과 민간부문의 배분에 관한 연구", 「한국사회복지학」통권22호.

이두회 외(1991), 「빈곤론」서울: 나남출판사.

이영희(1994), 「사회복지시설행정」, 경북: 대구대학교 출판부.

이정호(1993), "민간사회복지활동의 활성화 방안연구", 「사회복지연구논문」집 제16호, 보건사회부 국립사회복지연수원.

_____(1987), "한국사회복지 행정조직체계의 개선방안에 관한 연구", 박사학위논문, 경희대학교.

이창호(1999), "시민운동, 사회복지, 자원봉사", 주성수(편저), 「새천년 한국 시민사회의 비전」, 서울: 한양대학교 출판부.

이혁구(1997), "우리나라 사회복지서비스 공급체계에 있어서 민간 부문의 역할과 발전방향", 「사회과학」 제36권 제1호(통권 제44호), 성균관대학교 사회과학연구소.

이혜경(1998), "민간사회복지부문의 역사와 구조적 특성" 「동서연 구」, 제10권 2호, 연세대학교 동서문제연구원, pp41-75.

＿＿＿＿(1995), '작은 나눔, 큰 사랑운동의 합리적 운영모델과 자립 지향적 후원전략개발에 관한 연구' 프로젝트 보고서.

＿＿＿＿(1995), "한국사회복지정책의 현황과 발전방향", 「연세사회 복지연구」 제2권.

＿＿＿＿(1994), "사회변동과 한국의 사회복지정책", 「현대사회와 사회사업(우계 어윤배 박사 회갑 기념 논문)」, 기념논문집 간행위원회.

이태수(2000), "아동·청소년 그룹홈 활성화를 위한 정책제언", 아 동·청소년 그룹홈 활성화를 의한 공청회.

이태수·조흥식(1999), "공동모금제도의 현황과 전망", 추계사회복 지학술대회자료집.

일본전국사회복지사협회(1987), 「사회복지사전」.

임희섭 외(1996), 「열린사회 구현방안」, 정무장관 제1실 정책자료 96-1.

정경배·박찬용(1998), "사회보장개혁과 사회안전망", 「국정개혁대 토론회자료집」 국정개혁공동모임.

정무권(1996), 한국 사회복지제도의 초기형성에 관한 연구, 「한국 사회정책」 제3집, 한국사회정책 학회, 서울: 일신사.

정무성(1999), "종교와 사회복지", 사회복지대회 자료집 제3분과.

정산변(1996), 「한국사회복지수용시설의 운영개선에 관한 연구」,

석사논문, 단국대 행정대학원.

정수복(2000), "한국시민사회의 현황과 발전방향", 「한국비영리학회 창립총회 및 기념학술회의」자료집

정수복(1997), "한국 NGO부문의 발전 비전과 발전 전략", 「한국 NGO이 현황 및 발전전략」 세미나 자료집, 연세대학교 동서문제연구원.

_____(1994), "시민단체의 활성화 방안", 전환기 한국사회의 시민단체의 활성화」, 대한 YMCA연맹.

정원오(1997), "21세기 사회복지의 전망: 지방화시대의 지방정부 역할과 사회복지의 변화", 「상황과 복지」, 제2호, 한국사회복지학 연구회편, 서울: 인간과 복지.

조흥식(1996), "해방 50년과 남한의 공공복지", 「상황과 복지」, 한국사회복지학연구회편, 서울: 인간과 복지.

조흥식·이태수(1999), "공동모금제도와 민간복지부문의 역할정립", 「한국사회복지학」, Vol.38.

주성수(편) (1999), 「새천년 한국시민사회의 비전」, 한양대학교 제3섹터연구소 시민사회시리즈 4, 한양대학교 출판부.

주성수·남정일 공저(1999), 「정부와 제3섹터 파트너쉽」, 한양대학교 제3섹터 시민사회연구소 시민사회시리즈 2, 한양대학교 출판부.

최영욱 외(1990), 「사회복지시설론」, 서울: 범론사.

카바40년사 편찬위원회(1995), 「외원 사회사업기관 활동사」, 서울 홍익제.

표갑수(1999), "공동모금회의 효율적 운영관리 방안", 「청주대사회과학논」 19.

194

하상락(1997), 「한국사회복지사론」, 서울:박영사.

_____(1984), "일제시대의 사회보장", 「의료보험」 2월호.

한국보건사회연구원 (2001), 「민신고 사회복지시설의 실태분석과 개선방향」

한국보건사회연구원(1996), 「민간복지투자 활성화 방안」.

_____(1990), 「사회복지시설 정부보조금에 관한 연구」.

한국샬로트 성 바오로회(1973), 「바오로 뜰안의 哀歡 85년」, 서울: 카톨릭출판사.

한국선명회(1993). 「한국선명회 40년 발자취」.

홍정선, 경제행정법과 교부지원, 고시계.

통계청(1998), 「1998 한국의 사회지표」.

<외국문헌>

Aharon, Yair(1989), "Why do Government Privatize?" in the *Organizational Response to the New Business Conditions: An Empirical Perspective*, edited by R. M. Burton, J. D. Forsyth and B. Obel, Amsterdam: Elseveer Science Publisher.

Ascher, Kate(1987), *The Politics of Privatization: Contracting Out Public Service*, New York: St. Martin's Press.

Barkey, K. and S. Parikh(1991), "Comparative Perspective on the State", *Annual Review of Sociology 17*.

Gidron, Benjamin, Ralph M. Kramer, & Lester M. Salamon, eds. (1992), *Government and the Third Sector: Emerging Relationships in*

Welfare States.

Bennett, J.T. and M.H. Johnson(1981), *Better Government at Half the Price*, Ottawa, IL: Caroline House.

Blankart, Charles(1988), "Market and Non-Market Alternatives in the Supply of Public Goods", in the *Public Expenditure and Government Growth*, edited by Francesco Forte and Alan Peacock, Oxford: Basil Blackwell.

Bozeman, Barry(1987), *All Organization Are Public: Bridging Public and Private Organizational Theories*, San Francisco, CA: Jossey-Bass Publishers.

Browne, Angela C. (1984), "The Mixed Economy of Day Care: Consumer Versus Professional Assessments", *Journal of Social Policy*, Vol.13, Part 3.

Cook, P. and C. Kirkpatrick, eds. (1988), "Privatization in Less Developed Countries: An Overview", in the *Privatization in Less Developed Countries*, Sussex: Wheatsheaf Books.

Cooper, P.J. (1980), "Government Contracts in Public Administration: The Role and Environment of the Contracting Officer", *Public Administration Review*, 50, pp.459-468.

Coston, Jennifer M. (1998), "A Model and Typology of Government-NGO Relationships", *Nonprofit and Voluntary Sector Quarterly*, Vol.29. No.3.

Cumings, Bruce(1979), *The Origins of the Korean War: Liberation and the Emergence of Separate Regimes 1945-1947*, Princeton: Princeton University.

DeHoog, Ruth Hoodland(1990), "Competition , Negotiation, or Coope-ration: Three Models for Service Contracting", *Administration & Society*, Vol.22, No.3, November.

_____(1984), *Contracting Out for Human Services: Economic, Political, and Organizational Perspectives*, Albany: State University of Public New York Press.

DiMaggio, Paul J., and Helmut K. Anheier(1990), "The Sociology of Nonprofit Organizations and Sectors." *Annual Review of Sociology* 16, pp.137-159.

DiMaggio Paul J. and Walter W. Powell(1983), "The Iron Cage Revisted: Institutional Isomorphism and Collective Rationality in Organizational Fields." *American Sociological Review* 48:147-60.

DiNitto, Diana M. and Thomas R. Dye(1983), *Social Welfare: Politics & Public Policy*, Englewood Cliffs: Prentice Hall.

Donnison, David(1984), "The Progressive Potential of Privatization", in the *Privatization and the Welfare State*, edited by Julian Le Grand and Ray Robinson, London: George Allen and Unwin.

Douglas, J(1987), "Political Theories of Nonprofit Organizations." In the *Nonprofit Sector: A Research Handbook,* edited by Walter W. Powell, New Haven and London: Yale University Press.

Tucker, D. (1980), "A Quantitative Assessment of the Parallel Bars Theory of Public-Voluntary Collaboration", *Administration in Social Work* Vol. 4 No.2.

Fisher, R. and W. Ury(1981), *Getting yes: Negotiating Agreement without Giving In*, Boston: Houghton Mifflin.

Geiger, R. (1986), *Private Sectors in Higher Education: Structure, Function and Change in Eight Countries*, Ann Arbor: University

Michigan Press.

Gilbert, Neil and Harry Specht, (1997), *Dimensions of Social Welfare Policy*. Englewwod Cliffs, New Jersey: Prentice-Hall, Inc.

Gray, B.H. (1990), *Profit, Corporate Change and Accountability in American Health*, Rep. Submitted 20[th]Century Fund; Marmor, T.P., M. Schlesinger, and R. Smith (1987), *Nonprofit Organizations and Health Care*, in the *Nonprofit Sector: A Research Handbook,* edited by Walter W. Powell, New Haven and London: Yale University Press, pp. 221-239.

Gray, B.H. ed. (1986), *For-Profit Enterprise in Health Care*, Washington: National Acad. Press.

Gronbjerg, K. (1987), "Patterns of International Relations in the Welfare State", in the *Shifting the Debate: Public/Private Sector Relations in the Modern Welfare State*, edited by S. Ostrander, New Brunswick : Transaction Books.

Haider, Donald(1989), "Grants as a Tool of Public Policy", in the *Beyond Privatization: The Tools of Government Action*, edited by Lester M. Salamon, Washington, D. C.; The Urban Institute Press.

Hale, George E. and Marian Palley(1987), *The Politics of Federal Grants*, Washington, D.C.: Congressional Quarterly Press.

Hansmann, Herny (1987), "Economic Theories of Nonprofit Organization." In the *Nonprofit Sector: A Research Handbook,* edited by Walter W. Powell, New Haven and London: Yale University Press.

Hansenfeld, Y. (1983), *Human Service Organizations*, Englewood Cliffs, N.J.: Prentice-Hall. Hatry, Harry P. (1983), *A Review of Private Approaches for Delivery of Public Services*, Washington D.C.:

198

The Urban Institute Press.

Healy, J. (1998), *Welfare Options: Delivering Social Services*, Sidney: Allen & Unwin.

Honadle, G., and L. Cooper(1989), "Beyond Coordination and Control", *World Development*, Vol.17, No.10, pp.1531-1541.

James, Estelle(1987), "The Nonprofit Sector in Comparative Perspective", in the *Nonprofit Sector: A Research Handbook*, edited by Walter W. Powell, New Haven and London: Yale University Press, pp379-415.

Johnson, G.W. and G. Heilman(1987), "Metapolicy Transition and Policy Implementation: New Federalism and Privatization", *Public Administration Review*, Vol 47, No.6, pp.468-472.

Johnson, Norman(1987), *The Welfare State in Transition: the Theory and Practice of Welfare Pluralism*, Sussex: Whetsheaf Books.

Kahn, A.J. and S. B. Kamerman(1980), *Social Services in International Perspective: The Emergence of Sixth System*, New Brunswick: Transaction Books.

Kamerman, Sheila B. (1983), "The New Mixed Economy of Welfare: Public and Private", *Social Work*.

Keane, John(1988), "Remembering the Dead: Civil Society and the State from Hobbes to Marx and Beyond." in the *Democracy and Civil Society* edited by J. Keane, London: Verso.

Kettner, P. M. and L.L Martin(1988), "Purchase of Service Contracting with For-Profit Organizations", *Administration in Social Work*, 12(4), pp.47-60.

Kolderie, Ted(1986), "The Two Different Concept of Privatization",

Public Administration Review, 46:4, Jul/August, pp.286-288.

Kramer, Ralph M, Hakon Lorentzen, Willem B. Melief, & Sergio Pasquinelli(1993), *Privatization in Four European Countries: Comparative Studies in Government-Third Sector Relationips*, Armonk, New York, London, England: M. E. Sharp.

Kramer, Ralph M. (1981), *Voluntary Agencies in the Welfare State*, Berkeley·Los Angeles·London: University of California Press.

_____ (1987), "Voluntary Agencies and Social Services", in the *Nonprofit Sector: A Research Handbook,* edited by Walter W. Powell, New Haven and London: Yale University Press, pp.240-257.

Lindblom, Charles(1982), "The Market as Prison", *Journal of Politics*, Vol. 44.

Lipsky, M. and S. Smith(1990), "Nonprofit Organizations, Government, and the Welfare State", *Political Science Quarterly*, Vol 104, No4, pp.625-648.

Marlin, John Tepper, ed. (1984), *Contracting Municipal Services: A Guide for Purchasing from the Private Sector*, New York: Ronald Press.

McCarthy, Kathleen D. et al. (1992), *The Nonprofit Sector in the Global Community: Voices from Many Nations*, San Francisco, CA: Jossey-Bass.

Milwad, H.B. (1994), "Implications of Contracting Out:New Roles for the Hollow State", In the *New Paradigms for Government: Issues for the Changing Public Services*, edited by P.W. Ingraham, B.S. Romzek, and Associates, San Francisco, CA: Jossey-Bass

Publishers.

Mishra, Ramesh(1984), *The Welfare State in Crisis*, Brighton: Wheat-sheaf Books.

Moe, Ronald C. (1987), "Exploring the Limits of Privatization", *Public Administration Review*. Vol.47, No.6.

Musgrave, R.A. (1959), *The Theory of Public Finance*, New York: Mcgraw-Hill.

Musgrave Richard A. and Peggy B. Musgrave(1980), *Public Finance in Theory and Practice*, MaGrew-Hill Book Co.

Niskanen, W. (1973), *Bureaucracy: Servant or Master?* London: Institute of Economic Affairs.

Orlands, Harold, ed. (1980), *Nonprofit Organizations: A Government Management Tools*, New York: Praeger Publisher.

Ostrander, Susan A. (1985), "Voluntary Social Service Agencies in the United States", *Social Service Review*, Vol.59.

Pierce, William S. (1981), *Bureaucratic Failure and Public Expenditure*, Academic Press. Pirie, Madsen(1988), *Privatization: Theory, Practice and Choice*, Adershot, England: Wildwood House.

Pierson, Christoper C. (1991), *Beyond the Welfare State*? University Park: the Pennsylvania State University Press.

Poole, Robert W. and Philip E. Fixler Jr. (1987), "Privatization of Public Sector Services in Practice: Experience and Potential", *Journal of Policy Analysis of Management*, Vol.6, No.4.

Powell, Walter W., ed. (1987), *The Nonprofit Sector: A Research Handbook*, New Haven: Yale University Press.

Rainey, Hal G, Robert W. Backoff, and Charles H. Levine(1976), "Comparing Public and Private Organization", *Public Administration Review*, 36:2 Mar./Apr. pp.233-244.

Rose-Ackerman, Susan, ed. (1986), *The Economics of Nonprofit Institutions*, Oxford and New York: Oxford University Press.

Rosen, H. S. (1988), *Public Finance*, Homewood; Irwin.

Roth, Gabriel(1987), *The Privatization of Public Services in Developing Countries*, New York: Oxford University Press.

Salamon, Lester M, Helmut K Anheier, & Associates (1998), *The Emerging Sector Revised: a Summary*, Baltomore: Johns Hopkins University Press; (1996), *the Emerging Nonprofit Sector: An Overview*, Manchest and New York: Manchest University Press.

Salamon, Lester M. and Helmut K. Anheier(1997), *Defining the Nonprofit Sector: A Cross-national Analysis*. U. K. and New York: Manchester University Press.

_____(1996), "Social Origins of Civil Society: Explaining the Nonprofit Sector Cross Nationally", the Johns Hopkins University, Institute for Policy Studies, Working paper.

Salamon, Lester M. (1995), *Partners in Public Service: Government-Nonprofit Relations in the Modern Welfare State*, Baltimore and London: Johns Hopkins University Press.

_____(1994), "The Rise of the Nonprofit Sector", in *Foreign Affairs*, Vol.73, No.3, July/August, pp.109-122.

_____(1993), "The Marketization of Welfare: Changing Nonprofit and For-profit Roles in the American Welfare State,

Occasional Paper No14, Institute for Policy Studies, The Johns Hopkins University.

_____(1992), *America's Nonprofit Sector: A primer*. New York.: The Foundation Center.

_____(1987), "Patterns in Public Service: The Scope and Theory of Government-Nonprofit Relations", in *The Nonprofit Sector: A Research Handbook*, edited by W. Powell, New Haven: Yale University Press, pp.99-127.

Salamon, Lester M. and Alan Abramson (1982), *The Federal Budget and the Non-Profit Sector*, Washington D.C.: The Urban Institute.

Savas, E.S. (1987), *Privatization: The Key to Better Government*, Chatham, N.J.: Chatham House Publishers, Inc.

Scharpf, F.W (1989), "Decision Rules, Decision Styles and Political Choices", *Journal of Theoretical Politics*, Vol.1 No.2, pp.149-176.

Smith, David, Richard Reddy Horton, & Bruce Baldwin, eds. (1972), *Voluntary Action Research 1972*. Lexington, MA: D.C. Heath.

Seible, Wolfgang and Helmut K Anheier(1990), "Sociological and Political Approaches to the Third Sector", pp.7-20 in *The Third Sector: Comparative Studies of Nonprofit Organizations*, edited by Wolfgang Seible and Helmut K. Anheier, Berlin: Walter de Gruyter.

Starr, P. (1989), "The Meaning of Privatization", in the *Privatizations and the Welfare State*, edited by S. Kammerman, and A. Kahn, Princeton: Princetion University Press.

Steinberg, R. (1987), *Nonprofit Organizations and the Market*, in the *Nonprofit Research Handbook*, edited by W. Powell.

Strausman, J. D. and J. Farie(1981), *Contracting for Social Service at the Local Level*, the Urban Institute, Vol. 3, No.1.

Terrell, Paul(1979), "Private Alternative to Public Human Service Administration", *Social Service Review*, Vol.53, March , pp.56-74.

Thurow, I. S. (1971), "The Income Distribution as a Pure Public Goods", *Quarterly Journal of Economics*, pp.327-336.

Tucker, D. (1980), "A Quantitative Assessment of the Parallel Bars Theory of Public-Voluntary Collaboration", *Administration in Social Work*, No.2.

Weisbrod, Burton (1977), *The Voluntary Nonprofit Sector*, Lexington, MA: Lexington Books.

Weisbrod. B. A. and M. Schlesinger (1986), "Public, Private, Nonprofit Ownership and the Response to Asymmetric Information: The Case of Nursing Homes", In *the Economics of Nonprofit Institutions: Studies in Structure and Policy*, edited by S. Rose-Ackerman, New York: Oxford University, pp.133-151.

Williamson, O. (1975), *Markets and Hierarchies: Analysis and Anti-Trust Implications: A Study in the Economics of Internal Organization*, New York: Free Press.

Wuthnow, R., ed. (1991), *Between States and Markets: The Voluntary Sector in Comparative Perspective*, Princeton.: Princeton University Press.

York, Reginald O. (1982), *Human Service Planning, Concepts, Tools and Methods*, University of North Carolina Press.

저 자

- 문순영(文珣榮)

◆ 약 력

연세대학교 사회사업학과 문학사
연세대학교 사회복지학과 문학석사
연세대학교 사회복지학과 사회복지학 박사
현 천안대학교 사회복지학부 교수

복지세상을 만들어가는 시민모임 이사
충남사회복지사협회 이사
충청남도서부장애인종합복지관 자문위원
한국비영리학회 총무이사
충남 서해한포럼(사단법인) 전문연구위원

한국의 민간 비영리사회복지 부문에 대한 이해

· 초판 인쇄	2005 년 11 월 5 일
· 초판 발행	2005 년 11 월 5 일
· 지 은 이	문순영
· 펴 낸 이	채종준
· 펴 낸 곳	한국학술정보㈜
	경기도 파주시 교하읍 문발리
	파주출판문화정보산업단지 526-2
	전화 031)908-3181(대표)·팩스 031)908-3189
	홈페이지 http://www.kstudy.com
	e-mail(e-Book 사업부) ebook@kstudy.com
· 등 록	제일산-115 호(2000.6.19)
· 가 격	23,000원

ISBN   89-534-3375-4 93330 (paper book)
        89-534-3376-2 98330 (e-book)